四川省哲学社会科学“十五”规划2005′研究课题

U0858472

Library

四川省公共图书馆
现状分析与发展战略

李忠昊　王嘉陵／著

北京图书馆出版社

图书在版编目(CIP)数据

四川省公共图书馆现状分析与发展战略/李忠昊,王嘉陵著.—北京:北京图书馆出版社,2007.12
ISBN 978-7-5013-3600-5

Ⅰ.四… Ⅱ.①李…②王… Ⅲ.公共图书馆—图书馆工作—研究—四川省 Ⅳ.G259.277.1

中国版本图书馆CIP数据核字(2007)第201455号

书名 四川省公共图书馆现状分析与发展战略
著者 李忠昊 王嘉陵 著

出版 北京图书馆出版社 (100034 北京西城区文津街7号)
发行 010-66139745 66175620 66126153
66174391(传真) 66126156(门市部)
E-mail cbs@nlc.gov.cn(投稿) btsfxb@nlc.gov.cn(邮购)
Website www.nlcpress.com
经销 新华书店
印刷 北京四季青印刷厂

开本 880×1230毫米 1/32
印张 5.875
版次 2007年12月第1版 2007年12月第1次印刷
字数 140千字

书号 ISBN 978-7-5013-3600-5/G·738
定价 20.00元

目　　录

绪 言

本书是一部长篇调查报告，如其书名所示，内容涉及四川省公共图书馆的现状和发展及其有关的各个方面（事实上为了全面地说明问题，也追溯了四川省公共图书馆简明扼要的历史）。要作这样一篇比较详尽的调查，其动机由来已久，目的在于全面摸清基本的情况——四川省内公共图书馆的基本建设、经费来源及其数额、业务工作、藏书质量和数量、专业队伍和读者服务等等，从专业角度作出现实、客观、准确、深入的分析，对四川省公共图书馆的现状有一个准确的评估，明确它的优势和存在的问题。在此基础上，从社会发展角度，提出前瞻性意见，让我们的从业人员、研究者，尤其是政府部门，全面了解四川省公共图书馆的现状，了解公共图书馆发展的需求，从落实科学发展观和发展先进文化的高度，把握公共图书馆的发展方向，有针对性地改造公共图书馆的生存环境，改进公共图书馆的工作，推进公共图书馆的服务，以适应社会的发展。

如果把中国公共图书馆置于现代视角下加以考察，一方面受到全球经济一体化趋势和新技术引发的信息革命浪潮的影响，这种影响是横向的；另一方面受到中国在中国共产党领导下推行的改革开放的基本国策，乃至渊源更为久远的始自上个世纪的以寻求现代化道路为目的的革命的影响，这种影响是纵向的。中国现代图书馆处在一个交汇点上，接受来自这两方面的影响，四川省的公共图书馆也是如此。要而言之，在历史和世界的坐标上，公共图书馆不仅是公民看书读报的地方，它的沿革诉说了一种制度和机制，即在现阶段现代化社会体系下，把民众阅读平等和获取信息平等的权利的要求制度化。因此，对公共图书馆的调查研究，其对象不仅仅是孤立的公共图书馆事业本身，而应该把它置于一个大的社会背景下加以考察，我们试图实现这一点。四川省公共图书馆是中国图书馆事业的一部分，目前拥有历史上最好的机遇，处于最好的发展时期；另一方面，它地处中国西部欠发达地区，又面临重重困难。

正由于上述原因，我们调研的内容不仅仅局限于图书馆的方法技术和其他有关图书馆的因素，而且努力致力于探讨政府和图书馆的关系，例如：公共图书馆立法的问题，公共图书馆作为公共文化服务体系的主流机构其工作人员纳入公务员系列的问题，政府对图书馆的财政预算和投入问题，图书馆的基本建设问题，图书馆的社会职能和地位问题，等等。我们希望通过理论的阐述，让各级政府更多地了解公共图书馆的职能，引起各级政府对公共图书馆事业发展的高度重视；通过客观的数据分析和对比，让政府知道公共图书馆陷入的困境和尴尬境地，以及四川省的公共图书馆与国内外其他地区公共图书馆的差距。地方财政的投入是公共图书馆事业建设和发展的基础，在处于社会主义初级阶段的中国，没有地方党政的重视，没有充分的财力投入，公共图书馆要取得良好而健康的发展是不可能的。四川省有因党政领导重视图书馆建设而取得良好成绩的常例，也不乏因一些地方领导极不重视公共图书馆建设而导致公共图书馆滞后发展的特例。

不言而喻，公共图书馆内部的管理机制、技术条件、藏书体系、专业队伍素质、服务方式及其效果等是调研的重要内容。四川自古以来人文荟萃，文化积淀丰厚，也是雕版印刷术的发祥地，是图书文献资源生产和收藏的大省，古代官私藏书和书院寺庙藏书都有很好的基础。近现代公共图书馆创建后，这些历史的、文化传承的因素仍然在发生作用。可以说，四川目前在国内依然是文献资源大省，但是公共图书馆的管理和服务，尚较多地落后于东部发达地区，某些方面甚至滞后于其他图书馆事业发展较好的中西部地区，我们力图用客观的数据和对具体数据及具体情况的分析来说明这些情况。如果说经济欠发达，制约着四川省公共图书馆全面实现自动化、数字化、现代化的进程，而公共图书馆自身至少在探索新领域的同时，仍然有责任在图书馆管理、传统业务和传统服务方面有所作为，传统的阅读方式，仍然适合西部地区群众的阅读习惯。因此，公共图书馆新旧交替时期的业务、服务和管理，城乡差别条件下的公共图书馆和经济发达与欠发达地区差别条件下的公共图书馆，依然是我们调研的重点。

本调查报告分为九章，实为三个部分。前两章“四川省情”、“四川公共图书馆的历史回顾”为第一部分，是正文的背景。第三章“四川省公共图书馆现状分析”是调查报告的正文，这一章是对现存的四川省公共图书馆的总体分析。本部分还有一些专门的分主题，如“公共图书馆的古籍和珍善本馆藏”、“公共图书馆少儿服务”、“民族地区公共图书馆”、“共享工程和公共图书馆的全面、协调和可持续发展”等等，是从不同方面对四川公共图书馆现状的分析，是这一主题的继续，因此第三至七章是为第二部分。第八章“发展战略研究”，为第三部分，是在对四川省公共图书馆全面地深入地分析的基础上，理论联系实际，进行深入的探讨，旨在从社会转型和技术转型的过程中，寻找政府、法律和政策的支持，确立公共图书馆在公共文化服务体系中的地位，寻求四川省公共图书馆发展的正确途径。

这里需要说明，完成作为研究课题的本调查报告时，我们对搜集到的数据和材料的处理，较多地采用了统计分析、分类分析、抽样分析和归纳、比较的方法，以此为基础，对公共图书馆现存的各类指标（包括生存状态、业务水平和服务等）做出评估。这样做正确与否，很大程度取决于材料和数据的真实性。事实上，公共图书馆为数不少的材料和数据存在不真实的情况，包括我们大量引用的公共图书馆考评定级的数据和材料。因此，为了客观地做好研究工作，我们对一些数据和材料力求真实、准确，做了一些纠偏工作，这也是我们作这一课题的总的态度：不粉饰，不做作，客观、真实地反映情况和问题。此外，由于这一课题断断续续进行，其阶段性成果分阶段发表，持续时间跨两个年度，成书各章数据或有出入及不一致的地方，盖因时间发生变化，所引参考资料和数据为不同时间提供所致。而且，由于写作调查报告，需要一手材料较多，不同于一般理论著作，可以较多地利用间接的材料，给我们的工作带来很多困难，也由于我们的水平所限或工作不够细致，出现不足或错讹之处在所难免，尚请专家、同行不吝指正。

我们写作这篇调查报告的有利条件之一，是长期从事图书馆管理工作，组织图书馆行政和专业技术业务工作及图书馆服务的开展，频繁接触基层公共图书馆，做图书馆之间协调发展的工作，了解公共图书馆的基本情况。我们把较长时间以来对公共图书馆的研究心得、撰写的论文，作为本次课题的前期成果。此外，我们还做了许多搜集资料的工作：（1）全国第四次公共图书馆考评定级所保存的完整资料是这次调研工作的基础，这些资料给我们提供了全省各市县公共图书馆的基本材料，这些材料基本上是翔实而可靠的；（2）文化部计财司和四川省文化厅计财处发布的关于四川省公共图书馆的财务数据；（3）广泛地向市（州）县（区）寄发调查表，发放各类调查表300余份，作综合的或专题的调查；（4）实地考察，调研期间至少走访考察过30所以上的省内公共图书馆；（5）召开基层公共图书馆馆长和业务人员座谈会12次；（6）电话咨询若干次；（7）有关省内外公共图书馆情况的网络数据；（8）其他参考资料。在此，我们对热心接待我们，协助我们工作，为我们提供基本数据，以及陪同我们深入基层作调查研究的各图书馆领导和有关同志表示感谢，对提供给我们参考资料的同行以及我们所引用了其著作和统计资料的作者表示感谢！

我们的课题得到了四川省社科联的关注，被列入四川省哲学社会科学立项课题并得到资助，为此，我们对四川省社科联有关领导和同志，对课题立项专家组的同志表示感谢！我们这一课题成立了课题组，虽然由署名者执笔完成这一调查报告，但课题组成员程歌、唐岚、谢青、陈雪樵、黄英等同志，在阶段性成果中做了大量诸如搜集资料、整理资料的辅助工作，其中唐岚和黄英同志在阶段性成果中写了古籍调查和公共图书馆少儿服务部分初稿。如果没有他们共同的努力，我们这一课题很难如期完成，我们的调查报告也有他们的一份辛劳。在此，也对他们致以谢意。

第一章　四川省情概述

四川省位于中国内陆西部腹地，长江上游，地跨青藏高原，四面环山，占四川盆地的绝大部分。盆地东部为邛崃山、岷山、大巴山等山地，被贵州高原环绕。中部地势略向南倾斜，岷江、沱江、嘉陵江由北向南注入长江，海拔 400 至 800 米，气候冬暖夏热，雨水充足，温暖湿润，多亚热带植物。西部为川西高原，海拔 3000 至 5000 米，最高峰贡嘎山海拔 7556 米，气候高寒，植物以针叶林和草地为主。

春秋战国时，四川为巴、蜀等古国地；秦时设置巴、蜀二郡；汉属益州；唐属剑南、山南东、西等道；宋设置川峡路，后分置益、梓、利、夔四路，总称四川路；元设置四川行中省；明设置四川布政使司；清为四川省。1955 年，西康省撤省，将金沙江以东并入。1997 年重庆设为直辖市，连同涪陵、万县、黔江等所属行政区从四川划分出去，此时，四川省地级行政区调整为 19 个，县及县级市、区 179 个（数量仍为全国第一）。

川渝分治后，四川面积 48. 5 万平方公里，占全国面积 5. 1%，居第 5 位；人口 8356. 5 万人（1997 年），占全国人口 6.8%，居河南、山东之后，列第 3 位，2004 年，人口增长到 8724.6 万人。

川渝分治当年（1996 年），眉山等 6 县从乐山市划分出来，设立眉山地区。调整后的乐山市辖市中区、犍为、马边等 4 区 6 县，并代管峨眉山市（县级）。1998 年将内江市的安岳、乐至两县和代管的资阳、简阳两市（县级）划出，成立资阳地区；调整后的内江市辖市中、东兴两区和资中、隆昌、威远 3 县。同年，撤广安地区设广安市，辖岳池、武胜等 3 县 1 区，代管华蓥山市（县级）。1999 年，达川地区改达州市，辖区不变。2000 年 7 月，眉山地区改为眉山市，眉山县改为东坡区；雅安地区改为雅安市，原雅安市（县级）改为雨城区；巴中地区改为巴中市，原巴中市（县级）改为巴州市；资阳地区改为资阳市，原资阳市（县级）改为雁江区。至此，四川全省共有省会城市、副省级城市一个；地级行政区划 20 个，其中包括 17 个地级市，3 个民族自治州；县级行政区划 180 个，其中包括 40 个市辖区，13 个县级市，124 个县，3 个民族自治县。至 2004 年底，全省县级行政区增至 181 个，乡镇 4800 个，街道办事处 222 个。基层群众自治组织中，社区居民委员会 4524 个，村民委员会 53227 个。

四川省是个多民族省份。5000 人以上的少数民族有彝族、藏族、羌族、回族、蒙古族、傈僳族、满族、纳西族、白族、布依族、傣族、苗族、土家族。三个民族自治州及享受少数民族待遇地区人口一共644.9万人，占全省总人口7.4%；辖区面积30.5万平方公里，占全省土地面积的62.9%。

中华人民共和国成立以后，四川经过50多年的社会主义建设，经济建设突飞猛进，综合经济实力不断增强。四川盆地农业发达，水力丰富，稻、玉米、甘薯、油菜子、桐油等产量居全国重要地位，小麦、蚕茧、烟草、麻、水果等也占全国很大比重。森林、矿资源丰富。猪肉、猪鬃、肠衣为全国之冠，并产白蜡、银耳及鹿茸、麝香、虫草等多种药材。有煤、铁、石油、天然气、井盐、萤石、水晶、云母、石棉等多种矿产。钢铁、电力、机械、化学、电子、石油、纺织、制糖、制盐、造纸等工业都有发展。

改革开放近三十年来，尤其是最近十年，四川一直是西部综合经济实力最强的省份。近十年来四川经济增长情况见下表：

年份	国内生产总值（亿元）	年增长率	财政决算收入（亿元）	人均国内生产总值（元）
1996	2985.15	10.1%	209.009	3763
1997	3320.11	10.2%	172.896	4029
1998	3580.3	9.1%	197.288	4339
1999	3711.6	5.6%	211.475	4452

（续表）

年份	国内生产总值（亿元）	年增长率	财政决算收入（亿元）	人均国内生产总值（元）
2000	4010.25	9%	233.863	4784
2001	4293.49	9%	271.124	5250
2002	4725.01	10.3%	291.874	5766
2003	5333.09	11.3%	336.591	6418
2004	6379.63	12.7%	385.784	7895
2005	7385.11	12.6%	479.663	9060

还有一些指标的变化应该提及：除早已建成的成渝、宝成、成昆铁路外，民航以成都为中心，与全国各大航空港通航。1998 年全省公路里程 8.16 万公里，全省高速公路通车里程 328 公里，而到 2004 年全省公路里程已达到 11.3 万公里，高速公路里程达到 1759 公里。2004 年末邮电公网电话用户达到 1369.9 万户，移动电话用户达 1514.6 万户，全省电话普及率达到 33.7%。“蜀道难，难于上青天”“尔来四万八千岁，不与秦塞通人烟”的诗句，成为永久的历史的写照。

当然，在说明四川较强的综合经济实力时，四川经济的另一特征也绝对不能忽略：四川是一个农业大省，同时由于人口众多，人均国内生产总值并不高，四川省内的发展不平衡，多数地区尚属于经济欠发达地区。

教育方面，2004 年四川省各类学校（不含技工校）5.3 万所，在校学生 1846.9 万人。150 个县（市、区）完成了普及九年义务教育任务，“普九”人口覆盖率 96.2%。全省小学 2.2 万所，全年招生 116.9 万人，在校小学生 736.6 万人，小学学龄儿童入学率 99.8%。普通中学 4965 所，招生 169.6 万人，在校学生 490.9 万人。全省中等职业教育（职高、普通中专、成人中专）学校 763 所（不含技工校），招生 25 万人，在校学生 67.98 万人。其中，普通中等专业学校 102 所，在校学生 20.5 万人。四川省有普通高校 72 所，招生 21.5 万人，在校普通本（专）科学生 63.7 万人，毕业生 11.1 万人；研究生培养单位 31 个，在校研究生 4.2 万人，年内招收研究生 1.6 万人，毕业研究生 6684 人。

第二章　四川省公共图书馆的历史回顾

一、现代公共图书馆概述

差不多和人类有文字记载的历史同步，图书馆的产生已经有几千年的历史，最初的“图书馆”是王室收藏档案文献的地方，也包括宗教寺庙、学校的藏书之地和学者的书斋。这种现象在世界各文明古国都有（如古代美索不达米亚、埃及和中国），持续了数千年的时间。而现代公共图书馆却最多只有几百年历史。现代公共图书馆首先诞生于欧、美发达国家，它的产生来自三个同时发生而又关联着的条件，即：需要知识普及的城市工业社会的出现——工业社会带来经济的高度发展；国家承担免费教育、普及教育和强制教育，国家和地方政府承担建立公共图书馆的费用；印刷术高度发展，蒸汽运转的印刷术和木桨制纸的机械方法使生产大量的书籍成为可能。这决定了现代公共图书馆能够以巨大的数量和规模发展，使得图书馆具有比以往任何时候更丰富的职能：它发挥人类“大脑”的作用，是人类记忆的储存，通过文献的收藏保存人类世代相传的文化；同时，它又是科学研究的实验室，是知识传递、信息交流的中介和公民接受教育的终身大学；另外，它还是现代人通过广义“阅读”而获得高尚的休闲娱乐的地方。

过去一个多世纪，中国人民通过艰辛的探索和长期革命历程搭建了通往现代化的道路；[①] 现代图书馆伴随着社会变革产生和发展，而现代公共图书馆则是现代图书馆的主要骨干，是现代图书馆数量最大、提供知识服务和公益性社会教育最广泛的一支。今天，为了适应中国全面实现小康社会和加速现代化建设的需求，为西部开发、建设四川文化强省服务，促进四川省公共图书馆事业的全面发展，我们希望通过研究四川省公共图书馆的现状和发展，探索正确的图书馆发展对策和策略，让四川公共图书馆适应社会的发展，跟上社会的进步。由于公共图书馆是社会发展到一定历史时期的产物，其成长过程受到社会物质文明和精神文明形态的深刻影响，在对四川省公共图书馆作出详尽的科学分析的时候，毫无疑问既涉及它自身发展的规律，又涉及到它产生和发展的历史，以及它赖以

---

① “长期革命”是美籍华人历史学家黄仁宇关于中国现代史的观点，意即中国革命同法国大革命和俄国十月革命一样，目的在于实现从农业社会向工业社会的转型，只不过时间更漫长。详见黄著《资本主义与二十一世纪》。

生存和发展的经济基础和其他社会条件。本书拟通过历史的回顾来加深对四川公共图书馆事业的认识。

二、四川省公共图书馆的创建

四川历史悠久，自古文化事业鼎盛，文人学者云集，文化传承源远流长，同时造纸业发达，是雕版印刷术的发祥地之一。这些因素必然对四川古代的藏书事业产生深刻的影响。进入社会急遽变化的20世纪之前，四川历代典籍丰富，主要由书院、寺观、政府藏书处和一些私人藏书家保存流传，但无社会服务。这些古代公私藏书之处，多称“藏书楼”，或冠以前缀词的“斋”、“室”、“阁”、“院”、等。

（一）缘起

四川自古无现代意义的图书馆，尤其是公共图书馆。以公共图书馆开放精神和服务为引领的现代图书馆，在中国兴起于19世纪和20世纪交汇之际，如今历经一个多世纪才有比较成熟的发展。四川省图书馆事业的发展与此是同步的。清王朝后期，受西学东渐、变法维新运动的影响，图书馆一事从西方引进。19世纪，林则徐的《四洲志》、陈逢衡的《英吉利纪略》、姚莹的《康輶纪行》、魏源的《海国图志》、王韬的《盛世危言》等著作，均提及西方图书馆及其经营方式和开放借阅书籍的方法；19世纪末，《时务报》、《新知报》、

《清议报》等期刊也介绍了日本的和西方的图书馆。“图书馆”一词即这一时期从日文译介而来。①

清光绪二十年（1894 年）甲午中日战争后，士大夫阶层悚然惊醒，有识之士皆认识到中国不能再因循守旧而必须变革，中国的根本出路在变法图强。康有为、梁启超倡导变法维新，认为：“中国今日非法不能为治，稍有识者莫不知之。”② 主张变法从振兴教育、作育人才、开通民智入手，具体措施包括：设立学校、开报馆，建立图书馆、励学会等。二十一年（1895 年）康、梁在京创立强学会，其宗旨为：“一译东西书籍，二刊布新报，三开大书馆，四设博物仪器院，五设立政治学校。③ 此后，清廷推行新型学堂，倡办藏书楼、仪器院、报馆等新生事物，十年后（1905 年）确定办学堂的地位，废科举，变更官制。其间各省私立学会学堂报馆兴起，莫不广购图书仪器，制订藏书阅览规则，供人阅览，专设的公共图书馆亦应运而生。

四川公共图书馆的萌生可以追溯到清光绪二十六

---

① 《时务报》清光绪二十二年（1896 年）八月二十一日第十六期，“图书馆”一词首次从日文译作中文。

② 丁文江．梁任公先生年谱长编初稿（上册）．台北：世界书局，1958。

③ 梁启超．戊戌政变记（卷七）．光绪二十四年（1898 年）刊行。

年（1900年），简州人傅崇矩在成都桂王桥北街创办图书局，内设阅报公所两处，陈列报章六七十种，供众阅览。[①]（傅崇矩，字樵村，年轻时随父亲从简阳迁居成都，因此而一生自诩成都人。其人学识广博，到日本考察过，倡导西学，崇尚康、梁变法维新，著述颇丰，有《成都通览》传世，近年再版多次。）

光绪三十年（1904年），成都又有吴可因自筹书报，禀明学务处立案，于成都会府北街设书报阅览楼。该阅览楼有座位130余个，每日上午10时至下午4时开放，陈列中外书籍及华洋报章，任人取观。[②]

光绪三十四年（1908年）成都劝学公所附设阅报室，购报多份张贴四壁，每日午前午后开放。对初识字者，另设室外白话阅报处，并订有阅报简章。[③]

稍后，巴县、江油、南充相继出现类似阅报所（室）。[④]

傅崇矩及其之后川内其他有识之士创办阅报所，虽无公共图书馆之名，却行公共图书馆之实，面向社会公众无偿地公开地提供阅读服务，开风气之先，为公共图书馆的诞生奠定了基础，应被视为四川开设公

---

① 四川文史资料选辑（第八辑）：137；成都报刊史料专辑（第八辑）：6。

② 四川官报．清光绪三十年（1904年）十月（第二十八册）：3。

③ 四川官报．清光绪三十四年（1908年）一月（第二十二册）。

④ 巴县图书馆概况．重庆市档00014；江油图书馆志和南充图书馆志初稿．1990。

共图书馆并提供服务的先声。

（二）省立图书馆的创立与公共图书馆的兴起

清光绪三十二年（1906年）七月，清朝廷迫于立宪派和民众的压力，下诏预备立宪；三十四年（1908年）9月，又颁布宪法大纲，并规定九年为预备立宪期。清宣统元年（1909年）学部奏分年筹备事宜摺，有关图书馆事宜称："宣统元年，预备立宪第二年，颁布图书馆章程，预备立宪第三年，各行省一律开办图书馆。"宣统二年（1910年）学部奏拟定《京师及各省图书馆通行章程摺》，为中国近现代第一部图书馆法规，全十九条，其第二条称："京师及各省省治应先设图书馆一所，各府厅州县治依筹备年限以次设立。"① 遂成为为图书馆设立的法规依据。

清宣统三年（1911年）四川提学使刘嘉琛奏请建立图书馆，拟借成都贡院公堂和清白堂为馆址。② 民国元年（1912年）10月20日四川图书馆创立，设于成都少城公园。③ 四川图书馆是中国最早创办的省图书馆之一，它的创建开馆，标志着四川省公共图书馆的正式诞生，自此之后，四川市县公共图书馆陆续设立。

---

① 河北大学图书馆学系编印．图书馆法规文件汇编．1984。

② 四川官报．清宣统三年（1911年）八月（第四十七号）。

③ 第一次中国教育年鉴（下册）．民国二十三年（1934年）：821。

自四川图书馆成立，四川省公共图书馆的发展经历了两个大的时代：民国时期和中华人民共和国时期。

民国时期是各级公共图书馆创立和曲折发展时期，而中华人民共和国建立后依然充满曲折迂回发展的经历，至上一世纪80年代才真正正常而迅速地发展起来。

三、民国时期四川的公共图书馆

中华民国时期，四川公共图书馆发展曲折，但仍然有规律可循，具有以下特征。

（一）数量的增减

四川公共图书馆自清末民初开始兴办，到中华人民共和国建立之前，相继成立了四川省立图书馆、国立罗斯福图书馆、成都市立图书馆、重庆市立图书馆、西康省立图书馆等和若干县市图书馆及私立图书馆。据统计，民国时期四川建有公共图书馆百所以上（包括一些私立但提供公共服务的图书馆），其中1900—1919年3所，1920—1929年40所，1930—1939年41所，1940—1949年24所，设立时间不详者12所或更多。[①] 然而，需要指出的是：民国时期四川所建图书馆并不是以累计形式而存在。例如省立图书馆创建后因省款支绌，于民国十六年（1927年）划归成都市政

① 四川省图书馆事业编纂编员会编．四川省图书馆事业志．成都：四川大学出版社，1993。

公所，次年更名为成都市立图书馆，民国二十九年（1940 年）省立图书馆又重建；一些县图书馆因各种原因时办时辍，或合并于民众教育馆等；一些私立图书馆因人而设立，又因人员变动而随之消逝；民国三十二年（1943 年）是四川图书馆统计数最高的一年，有 74 所，但次年 2 月四川省教育厅实施本省社教机关改进办法，对部分县图书馆进行调整，将 36 所县图书馆并入民众教育馆，使得县立图书馆数量大为减少。抗日战争结束后，国民党政府发动内战，各级财政紧张，各县立图书馆因缺少经费无法维持，大多名存实亡，至民国三十八年（1949 年）底已所剩无几。

此外，有一段历史应该特别记录：抗战时期，平、津、京、沪等地相继失守沦陷，一些文化机构（包括图书馆）随同国民政府西迁，国立中央图书馆、国立北平图书馆、浙江省立图书馆和 48 所高校图书馆迁入四川，壮大了四川图书馆的阵营，虽然抗战胜利后又都迁走了，但这些图书馆在四川短暂停留的历史，对四川图书馆事业无疑应产生了深远而积极的影响。

（二）管理体制和经费来源

四川公共图书馆自开创之日起，基本上分别隶属于各级政府，各级图书馆分别由各级政府支付费用。民国元年（1912 年），四川省立图书馆第一次建馆，由四川行政公署批准并拨给款项，民国十六年（1927

年）因省款支绌划归成都市政公所，由市拨常年经费，遂更名为成都市立图书馆；民国二十九年（1940年），由省教育厅批准，以省政府拨款为馆舍建筑和常年购书经费，省立图书馆才第二次建立。县市图书馆一般由县市教育局统辖，经费多由县市财政支给。

（三）馆舍

县图书馆一般设在县城内，利用旧寺庙、住宅、学校、祠堂或其他公共建筑做馆舍。民国三十年（1941年）四川省政府根据教育部颁发《普及全国图书馆教育暂行办法》，令“各县市自三十一年度起，在地方预算内，增列图书馆经费科目，予以单独设立图书馆”。这是明令地方公共图书馆必须设立并由地方财政负担，这对没有建立图书馆的地方是一个促进，但此前已经建立图书馆的地方，早就这样做了，即使是国立图书馆也不例外。抗日战争结束后，国立罗斯福图书馆成立，于民国三十四年（1945年）5月由国民党在重庆召开的六大通过，经过教育部近两年的组织筹备，于民国三十六年（1947年）5月开馆。该馆行政关系隶属教育部，开办经费2亿元也由教育部垫支。一些私立的但做公共服务的图书馆，如南川仁社图书馆（1915年）、成都草堂图书馆（1925年）、四川女子图书馆（1926年）等，通常由发起人或董事会管理和筹集日常开支。

（四）业务和服务

按照开设现代图书馆的要求，图书馆业务分为典藏、分类编目和提供服务三大部分。

藏书：现代图书馆开创之前，四川的藏书主要靠书院、寺观、私人藏书家和政府藏书楼保存下来。清末民初建图书馆，公共图书馆成为收藏各类典籍文献的主要场所，一方面继承了书院、寺观、私家藏书和官家藏书，另一方面也通过购进、交换和接受捐赠等方式扩展馆藏资源，增进了四川图书馆收藏书刊文献的数量和质量。譬如四川省立图书馆初次建立，其基本藏书即取自四川都督府接管前清四川提学使衙门学务局所存图书。

分类编目：民国时期，图书馆的设立由于是为了大众普及阅读，收藏新书较多（相对古籍线装书而言），主要采用有分类号制度可供排架用的现代分类法。四川公共图书馆应用较多的现代分类法有：《杜威十进分类法》、王云五的《中外图书统一分类法》、《布郎氏分类法》、《杜定友氏图书分类法》、刘国钧的《中国图书分类法》。应用较多的是王云五的《中外图书统一分类法》、《杜定友氏图书分类法》、刘国钧的《中国图书分类法》等。目录则为了方便读者，多采用卡片式目录和簿式目录，也有用活页式目录、榜式目录（张榜公布）和挂牌目录（用小竹排挂在木板上，借出时取下，归还时挂上）的。20 世纪 40 年代，四川省立图书馆借阅部门已设置供读者查用的分类目录和书名目录。

读者服务：早期四川图书馆的读者对象一般为公职人员和知识阶层，服务方式限于馆内阅览。教育部民国四年（1915 年）颁发《通俗图书馆规程》和《图书馆规程》，成渝两地据此开设通俗图书馆，"面向广大劳工和平民开放"，为普及国民教育服务。有的通俗图书馆设有巡回文库，进入农村，推广图书流通。以后全省的图书馆服务随图书馆机构的兴衰而变化。四川省立图书馆成立之初（时称"四川图书馆"），"读者进馆取阅图书，皆须征费"。民国十六年（1927 年）才得以改进，取消阅览普通书籍收取费用规定。翌年，四川图书馆"更名市立图书馆后，取阅特种书籍亦一律免征"。[①] 省立图书馆复馆以后，借阅部门增设了参考室，负责辅导阅读，解答函电咨询事项，馆长蒙文通还主持编辑国学史刊物《图书集刊》，宣传、开发馆藏文献，至民国三十八年（1949 年）他离任前，共出版 9 期。

（五）简评

---

① 成都市政公报．民国十八年（1929 年）11 月。

中华民国的成立伴随着封建帝制的推翻，结束了中国历史上两千多年的封建统治，但取而代之的并不是一个成熟的、现代化的、统一的政权，中国仍然面临半封建、半殖民地的局面。在这种条件下，四川公共图书馆和全国各地图书馆一样，虽然经历了开始创办和普遍设立的阶段，但在动荡不安、四分五裂的政局和外敌入侵的干扰下，难以获得正常发展的经济支撑和其他条件，在机构设置和公共服务方面也都是极不成熟的，受时局影响很大。

四、建国后四川省公共图书馆的发展

（一）几个发展阶段

中华人民共和国建立后，在中国共产党的领导下，国家统一，人民团结，经济独立自主，开创了历史新局面，四川省的图书馆事业获得重大发展。虽然，建国后图书馆的发展也有不尽如人意的地方，有时充满了迂回曲折，但发展依然是主旋律。尤其在20世纪80年代之后，四川省公共图书馆的发展有质的进步。概而言之，建国后四川省公共图书馆的发展经历了三个阶段：

第一阶段：建国后恢复设立图书馆阶段（1949至1965年）。建国初期，除省、地（市）图书馆外，作为服务社会基层影响很大的县级公共图书馆多合并于文化馆，作为文化馆图书室而存在。这种现象在建国初期普遍存在。1956 年中共中央发出“向科学进军”的号召，同年文化部、共青团中央为配合农村合作化运动而开展农村文化工作，也指示各地“以着手现有的县文化馆图书室为基础，筹建县图书馆”。至 1960 年全省共建县以上公共图书馆 39 所。1962 年，根据中央文化部通知对部分县馆进行调整，次年全省公共图书馆减为 31 所。这一时期新建图书馆数量不多，但公共图书馆的体制、地位得以确立，完成了图书馆事业的整顿和恢复，公共图书馆的职能作用开始得到发挥。

第二阶段：文革十年（1966 至 1976 年）。其前期（截至 1970 年），全省各级公共图书馆停馆，几乎所有藏书被封存，借阅工作和其他业务活动基本停滞。一些公共图书馆和文化馆图书室的藏书遭到焚毁、盗窃、损坏，损失非常严重。后期（1970 年以后）各馆逐步恢复建制并开展部分业务工作，但一直到 1976 年 10 月文化大革命结束，图书馆机构并无增长，且业务工作和服务活动受到出版物品种、拨款和政治环境等若干因素的限制，很难正常开展。

第三阶段：开放改革时期（1977 年至今）。这一阶段迄今近 30 年，分前后两段。前段从“文革”结束到 1990 年，四川省公共图书馆恢复正常工作，许多图书室从文化馆分离出来独立建制，地县级图书馆数量增长并得到稳步发展。1978 年中共中央十一届三中全会召开，确定了中国改革开放的方针、路线，迎来了科学发展的春天，为图书馆事业的发展创造了良好的社会环境。1979 年四川省文化厅制订了《四川省市（地、州）图书馆工作条例》和《四川省县（区）图书馆条例（试行草案）》，并于 1983 年正式颁发，供各地参照执行。1987 年 3 月 20 日，中宣部、文化部、国家教委、中科院在《关于改进和加强图书馆工作报告》中明确指出："要加强图书馆的教育职能和情报职能"，"开发和利用文献信息资源，提高服务质量，是图书馆工作改革的出发点和归宿"。这一时期图书馆事业对外开放力度加大，国际交流增多；图书馆数量、图书馆建筑面积、事业经费、藏书量都得到大幅增加；职工队伍素质迅速提高。至 1990 年底全省约有三分之二的市地、州、县、区设立了图书馆，计 148 所。①

1991 年以后，传统图书馆持续发展，至 1994 年全省公共图书馆增长为 166 所，两年后重庆从四川划出设立直辖市后，四川省仍然保持县以上公共图书馆

---

① 四川省图书馆事业编纂委员会编．四川省图书馆事业志．成都：四川大学出版社，1993。

127 所。[①] 同时，随着改革开放的不断深入，传统图书馆在方法技术上受到新技术的强烈冲击：一是20世纪90年代初期电脑技术普及，在图书馆逐步推广应用，图书馆自动化开始起步；二是90年代末，计算机技术和通信技术的结合推动了互联网的发展，互联网和数字化技术的普及促使建设数字图书馆的呼声兴起。在新的信息环境下，传统图书馆的生存价值受到质疑，但是挑战中也孕育着机遇，信息技术和互联网技术的引入给传统图书馆注入了生机和活力，使其向着兼有信息中心、文化中心和知识中心功能的现代图书馆演进。与此同时，随着社会经济的进步，全国出现了空前的新馆建设热潮，一大批作为文化标志性建筑的图书馆相继落成，成为人们社会生活中不可缺少的重要文化设施。据2005年统计，四川省县以上公共图书馆为137所，虽然数量比十多年前增长不大，但是图书馆的质量有大幅提高。许多市县图书馆修建了新馆舍，如成都、泸州、自贡市、绵阳、德阳、广元、乐山、广安、遂宁、凉山州、内江等市（州）级图书馆；荣县、合江、叙永、绵竹、三台、苍溪、旺苍、沐川、井研、马边、营山、南部、阆中、蓬安、西充、甘孜

① 关于98’四川省对县以上公共图书馆评估工作的汇报（川文社［1998］函字第11号文件）。

等县图书馆，以及成都市所辖的大多数县区图书馆（以上为不完全统计）。

这一阶段由于处于社会转型时期，各地经济发展不平衡，同时，发展公共图书馆的理念受到商品经济大潮正负两方面的冲击，公共图书馆发展不平衡的现象凸现。公共图书馆整体建设有长足的进步，但是仍然有许多图书馆（尤其是县级公共图书馆）经费困难，馆舍环境很差，图书馆员培训困难，开展服务工作举步维艰。作为在四川省公共图书馆中起龙头作用的四川省图书馆，由于上世纪 90 年代前期盲目以商业运作模式建设新馆舍，遭受巨大失败，这大约有七八年时间产生强烈的负面作用，甚至使全省图书馆事业连带受到不良影响。尽管如此，由于发展是主基调，2000 年以后颓势得到遏制，省图书馆和全省的公共图书馆事业重新走上正规，并在一段极其艰难的努力之后加大了前进的步伐。20 世纪和 21 世纪交汇之际，四川省图书馆抓住机遇加强图书馆数字化建设，2002 年又率先跻身财政部、文化部建设全国文化信息资源共享工程的行列，建立了全国文化信息资源共享工程四川省分中心，设立了图书馆网站，新技术及其应用又为省图书馆和全省公共图书馆的发展带来勃勃生机。

（二）体制和经费

1950 年 2 月，文化部即制订《中央人民政府文化部组织条例（草案）》对公共图书馆的管理体制，其第四条第三款称："文物局主管全国文物之管理事宜"，具体掌管"关于全国图书馆、博物馆之管理与指导事项"。据此，四川省图书馆事业由省文化局文物处管理，以后又由社会文化处或群众文化处管理；省以下的图书馆分别由地（市、州）县（区）文化局或文教局（没有设立文化局的地方）管理。建国初期，四川各级人民政府接管了图书馆，私立图书馆不复存在，县级图书馆多合并于县（区）文化馆，1950年代中期以后才逐步独立建制。20世纪90年代中期，党政机构改革，市、州、县文化局和体育局、旅游局或广播电视等合并，改称文化体育旅游局或文化广播电视局，市、州、县图书馆遂接受文体局或文广局的管理和指导。公共图书馆隶属于地方政府，通常随地方行政设置发生变化；四川的行政区域发生设立、合并、撤销等变化时，公共图书馆的设置和数量均随之发生变化。如建国初期，重庆设立西南局，辖四川、云南、贵州、西康四省及重庆市，前罗斯福图书馆遂更名西南人民图书馆。四川分为川西、川北、川南、川东等四个行政区，原四川省立图书馆由川西行政公署接管，更名川西人民图书馆；北碚图书馆由川东行政公署接管，称川东人民图书馆；川南和川北行署分别在泸州、南充成立川南和川北人民图书馆。1952年四个行署合省后，四个行署图书馆分别定名为四川省图书馆、北碚图书馆、泸州图书馆和南充图书馆。1954年西南行政区撤销，西南人民图书馆遂成为重庆图书馆的一部分；是年西康省撤销，筹备中的西康省图书馆遂也成为雅安图书馆的前身。又如20世纪90年代，各地区“撤地建市”，地区图书馆均随同地级市的设立改称“市图书馆”；县改市时，县图书馆也随之改为（县级）市图书馆。四川省各级公共图书馆均依靠地方财政拨款开展业务工作和提供服务。

（三）业务工作和服务

总体而言，建国后四川公共图书馆的业务和服务同其他地区图书馆一起，受到新中国成立的巨大影响，图书馆学理论体系与方法技术均有极大改变，公共图书馆实践也开始了新的道路。

藏书：1951年西南军政委员会和川西、川南人民行政公署均下达保护文物令，分别列有保护图书的内容。[①] 1954年5月为贯彻西南行政委员会文化局关于有计划地搜集保管旧书刊的指示，四川省文化局制订

① 《西南军政委员会关于注意保护文物通令》称：“西南蕴藏历代金、石、陶器、雕刻、图书文物，丰富至极，切勿任其分散、破坏、隐匿或盗卖、流落国外，致使祖国的文化遗物，遭受意外的损失。”《川西区保护历代古迹文物暂行办法》称：“各种珍贵版本、孤本、绝本、抄本与不常见旧古籍近代具有价值之中外图书仪器、报章、杂志、图表，均应妥为保管，不得损毁。”川南行政公署亦有相同文件发布。

《搜集保管旧书刊的意见》，确定西南图书馆负责川东和川南，四川省图书馆负责川西和川北，搜集线装古籍和革命历史文献。两馆均接受了各地调拨和分配的大量图书。民国时期各市县图书馆合并于各市县文化馆图书室，也使图书文献得到了较好的保存。1956 年以后，县图书馆逐步重建，藏书购置纳入地方财政拨款，一直延续至今。采集图书文献则有购进、接受调拨和捐赠、交换、征集等方式。

藏书整序：1950 年至 20 世纪 70 年代初，为适应新时代学科发展的需求，除刘国钧的《中国图书分类法》仍在少数图书馆被使用外，许多新编图书分类法在各图书馆被应用。这一时期所用图书分类法驳杂而缺少统一规范，主要有《中国人民大学图书分类法》、《中小型图书馆图书分类表草案》、东北图书馆《图书分类法》和山东图书馆《图书分类法》等。1973 年以后，公共图书馆逐步统一采用《中国图书馆图书分类法》，迄今已经发展到用第四版。

20 世纪 50 年代至 80 年代中期，公共图书馆普遍采用传统空格分段式著录文献，卡片式目录成为图书馆的主要目录形式。为读者提供的目录通常有分类和书名目录，有时也有著者目录。1985 年 12 月国家标准局颁布文献著录国家标准，省内公共图书馆逐步实现标准化著录。1990 年以后，四川省图书馆开始建设图书馆自动化管理系统，公共图书馆遂出现卡片目录和机读目录并用的状态。读者服务建国初期公共图书馆均设立读者服务机构，确定为工农兵服务的方向，除传统借阅服务外，围绕党的中心任务，还推行书展、图片展等宣传教育活动。20 世纪 50 年代中期以后，较大型的图书馆（如省图书馆和重庆图书馆）开始设立图书流动站，并对部分图书实行开架借阅。20 世纪 50 年代后期至 60 年代前期，较多的联合目录、专题书目和其他书目索引等检索工具被编制出来。

图书馆服务：1966 年至 1976 年的十年“文革”中，前五年图书馆服务基本处于停顿，后期有限制的服务得到提供。1978 年以后，改革开放使图书馆服务发生前所未有的改观：开放时间延长，达到 48 至 69 小时；书刊流通由封闭型向开放型转变，大部分图书馆实行了开架借阅，既方便了读者，又大大提高了文献利用率；建立了比较完善的目录体系和藏书体系；服务领域得以拓展；图书馆现代化管理开始实施，增加借阅空间，扩大开架借阅方式，90% 以上的公共图书馆采用了局部开架或半开架借阅方式提供服务；逐步采用静电复印、光电誊印、缩微阅读放大机等现代化技术为读者提供服务；20 世纪 90 年代逐步在建设图书馆自动化系统中推行图书馆现代化服务，尽管直到 21 世纪初期这一目标只在为数不多的图书馆实现，但总是在不断推进之中。2006年，省图书馆已经成功搭建数字化平台，整合数字资源提供有效服务，而多数市州县图书馆都能通过上网的终端充分利用省图书馆的数字化文献资源。

（四）专业教育、培训和协作协调

省市县公共图书馆均设有业务辅导部门（其他省区有的已经将这一部门改设为协作协调部），采用办短训班、开研讨会、到基层作调研等形式，对下一级图书馆或基层图书馆进行培训和业务指导，这些交流和培训的形式至今仍被经常应用。其间，20世纪60年代前期和80年代，省图书馆充分利用省图书馆学会和业务辅导网络，开设武汉大学、北京大学、广播电视大学图书情报专业的图书馆学大学专科和本科的专业教育，使得公共图书馆的职工学历和专业素质有一个普遍的提高。1978年四川省图书馆学会成立后，挂靠四川省图书馆，在推进图书情报专业学术研究方面发挥了积极作用。

1957年国务院全体会议第57次会议批准《全国图书协调方案》，并在国务院科学规划委员会下设图书小组，负责此方案的执行。1958年，根据国务院科学规划委员会部署，① 四川省科委报请省政府批准成

① 据国务院科学规划委员会（57）科字第132号通知。

立与之相对应的四川省中心图书馆委员会。四川省中心图书馆委员会办公室作为委员会的常设机构，设在四川省图书馆内，在主任单位四川省科委和副主任单位四川省文化厅（常务）、四川省教委、四川省国防科工办的领导下，按“组织图书馆学术研究和图书馆之间的协作协调活动；协调、平衡、审查四川省订购国外原版期刊工作；编印联合目录；培养提高图书馆业务素质”四项任务开展工作。除“文革”期间中止工作外，中心图书馆委员会迄今仍然对各图书馆（包括高校图书馆和科学专业图书馆）外刊订购等业务的协作协调起作用。

四川省公共图书馆历经百年沧桑，从无到有，从小到大，在中国探索和发展现代化的道路上发展壮大，适应着现代社会进步的需要。四川省公共图书馆在两个大的历史时期中，反映了包含政治、经济、文化、科学等因素的社会形态对公共图书馆生存和发展的影响，也反映了公共图书馆自身发展的规律。尤其是20世纪80年代以来的改革开放，为四川省的公共图书馆带来了前所未有的发展机遇，历史的回顾正是为了把握机遇，在总结历史的经验和教训的基础上，寻求正确的发展道路。

第三章　四川省公共图书馆现状分析

一、四川省公共图书馆现状

公共图书馆建设是一个地区文明程度的标志。

过去一个多世纪，中国经历了漫长的革命和史无前例的社会变革，不断探索实现现代化的路径，四川公共图书馆随之经历了从无到有、从小到大的发展过程。尤其过去 20 多年社会的改革开放，四川地处西部，在西部地区中经济发展较好，综合经济实力在西部名列前茅（参见第一章，1998 年曾有统计数字表明四川国内生产总值占西部总值的 31%，2004 年四川国内生产总值名列西部省区第一，全国第九），目前正处于加速社会转型时期，而与社会经济生活密切相关的图书馆的规模和社会地位有显著的改观。然而，四川又确属西部，是幅员面积较大的多民族多人口大省，经济发展明显落后于中部和东部沿海地区，人均国内生产总值较低，这就无疑地会制约四川省公共图书馆的发展速度。我们的研究一定要顾及有利于和不利于图书馆发展的两方面。

始于上一世纪 80 年代初的改革开放，以及由此产生的经济增长，促进了四川公共图书馆事业的发展，最近10年，公共图书馆建设的数量处于稳步上升态势。全省18个地级市和3个民族自治州全部设立了公共图书馆，181个县（市、区）也逐年向着县县有图书馆的目标发展，建馆情况如下表：

表3-1

年份	省图书馆	地市图书馆	县级图书馆	总数
1996	1	16	108	125
1997	1	17	109	127
1998	1	17	111	129
2002	1	18	112	131
2003	1	18	118	138
2005	1	21	115	138

在1996年至2005年大约十年时间里，全省公共图书馆数量稳步攀升，尤其是办馆质量有较大改观。文化部1998年和2004年分别组织全国公共图书馆第二次和第三次评估定级，如果把两次考评定级结果加以对比，可说明这一点。

表 3－2　1998 和 2004 两次评估定级结果对比①

项目 年份	评馆（所）	一级（所）	达优率（%）	二级（所）	三级（所）	达标率（%）	等外（所）
1998 评估	115	2	1.74	31	39	62.6	43
2004 评估	106	9	8. 5	31	43	78.3	33

尽管图书馆增加迅速，少数边远贫困地方，创建新馆仍然很难，迄今仍有 63 个县级行政地区无独立建制的公共图书馆。地级市（州）图书馆统计数为 21 个（其中成都市图书馆，实为副省级城市和省会城市图书馆，为统计方便，仍列入地级市图书馆之列），但个别市图书馆由于新建市不久，虽然在统计数内，却仍然处于筹建阶段。如眉山市图书馆和资阳市图书馆，实际上仍处于筹建阶段，虽然任命了馆长，有办公地点和极少的工作人员，但有待进一步从名称、机构建制、人员编制、经费上给予确定，从业务工作上加以完善，否则尚不符合一个地级市图书馆设立运行的要求。

从 1994 年至 2004 年，文化部对四川各级公共图书馆进行了三次考评定级，留下了足以用于对比、分析、研究的统计资料。为了深入细致地分析研究四川公共图书馆的现状，我们依据这些资料，又采用实地

① 由于南充市、宜宾市等部分图书馆修建新馆，不参加考评，故 2004 年参评图书馆反而少于 1998 年。

调查、口头咨询、问卷调查、电话调查相结合的方式，共发放调查问卷45份（包括通过各市州图书馆对138所县以上公共图书馆的调查），回收45份，实地走访市州县图书馆37所，电话询问市州县图书馆139所195次，对四川省公共图书馆的管理现状、经费现状、文献资源建设现状、现代化建设、图书馆服务等进行了全面调查，有关现状陈述分析如下。

二、公共图书馆管理体制与政策法规

公共图书馆是隶属于政府文化主管部门的事业单位，就其整体事业发展和个体机构而言，其管理体制有宏观的体制和微观的体制两个方面。

（一）宏观体制

公共图书馆、高校图书馆和科学院系统图书馆是我国图书馆三种主要类型，在其他所有各类图书馆中起着骨干支撑作用。但是，这三种类型图书馆分别隶属于不同的部门：高校图书馆由教育部主管，科学院系统图书馆由中国科学院主管，而公共图书馆则隶属于文化部。在省、自治区和直辖市它们分别隶属于教委、中科院分院和文化厅（局）。四川省文化厅是四川省政府管理全省文化工作（包括公共图书馆）的部门。省文化厅直接管理指导四川省图书馆的工作，并负责全省公共图书馆政策的制定。

市州县政府主管文化和公共图书馆事业的部门是各地文化局。历史上各地有文化局单列的，也有与教育合署办公称文教局的。20 世纪 90 年代前期机构改革，许多地市州县遂将体育、旅游等部门与文化局合并，因此现在各地有管理文化事业单独设局的，如乐山市文化局；有文化、体育事业合并设局的，如巴中市文化体育旅游局；也有个别地方设立文化广电局的，如成都市成华区文广局。无论文化主管部门怎样合并或更名，由于其主管文化事业的性质不变，仍然是当地政府主管公共图书馆的部门。

省文化厅及以下各级文化主管部门，直接指导、管理本级公共图书馆的工作，根据文化部的政策制定促进本地区图书馆事业发展的政策，并通过本级公共图书馆的业务辅导职能，指导基层各种类型图书馆的发展。图书馆工作通常由文化主管部门的一位领导主管，归口社会文化事业处、科、股管理。

（二）馆长责任制

馆长责任制，是改革开放后图书馆内部实行的管理体制。此前，各图书馆推行过党组织（党委或支部）领导下的馆长责任制，或党组织（党委或支部）领导下的馆长分工责任制，而馆长责任制则是改革后根据图书馆工作的特殊性，普遍实施的一项体制上的变革。2006 年全省 139 所县以上公共图书馆，有 14

所馆长同时兼任党的书记，有125所馆长和书记分设，但基本上实行馆长责任制；有一所由于党政正职领导职务没有安排，暂由支部副书记主持工作。

（三）公共图书馆政策和立法准备

公共图书馆政策通常由文化部统一制订，各省市自治区文化厅（局）及其以下文化主管部门负责传达并根据本地区的情况组织实施。事实上，地方文化主管部门，也根据本地需求制订适合本地的公共图书馆政策。1979年四川省文化厅制订了《四川省市（地州）图书馆工作条例》和《四川省县（区）图书馆工作条例（试行草案）》，并于1983年正式颁发，供省内各地参照执行。如今20多年过去，亟须以新的方式来规范公共图书馆的发展。

中国图书馆立法，经历了较长时间的酝酿，似乎时机已经成熟，但时至今日仍未出台生效，则政府制订的政策法规，就成为图书馆运行的依据。在各级地方党政和文化主管部门的政策指导和有效领导之下，四川公共图书馆事业取得了前所未有的成就，得到各方认同的进步，取得了改革的阶段性的成果。然而，随着社会转型和对文化事业改革并与国际接轨的需求的提出，制订国家的图书馆法和四川地方的公共图书馆法成为亟待解决的问题和迫在眉睫需要完成的任务。

近年省外已有北京、上海、湖北、内蒙、山东、深圳等省（区）人大和市人大通过颁发了地方性的图书馆或公共图书馆法（通常称《图书馆管理条例》或《公共图书馆管理条例》），对图书馆的管理、人员、馆舍、职能、政府投入、藏书补充经费、服务等方面作出规定。四川省此事自上一世纪90年代后期提出图书立法，做了一些准备工作，但至今未能纳入立法程序。

缺少立法支持的公共图书馆经营，受到许多人为的负面影响。文物工作由于有文物法作依据，可以在地方政府工作报告和政府计划中占据一席地位，图书馆建设却很难在各域级政府工作报告和计划中出现。公共图书馆建设发展的速度，往往取决于地方党政主要领导对图书馆重要作用的理解，领导者个人主观意愿的因素起决定作用的成分居多。公共图书馆的运行经费、管理决策、人员录用、服务方式和运行方式，常常受制于非专业的决策因素的影响。例如：省内有两所地级市图书馆的馆舍被政府严重占用，其中一所市图书馆尚在修建中，本来前届政府以图书馆名义立项、拨款、修建的馆舍，由于新来的市领导出于经济上的考虑，将其22000平方米建筑，仅划归市图书馆3700平方米，其他大部分划作他用（后来又经做工作增加到6000多平方米）。部分市级图书馆和许多县图书馆，由于处于二级法人地位，也由于上级主管部门拥有对图书馆干部任免的权限，有人利用这种权限行不正之风，拨款或专款被文化主管部门侵吞挪用的事例屡见不鲜。例如，前些年，某地级市文化主管部门擅自将建设图书馆经费挪作它用修建宿舍；又如，2005 年，省财政划拨 15 万专款到某市某县区图书馆账上，被主管部门强行划走挪作他用，图书馆对此一筹莫展。

全国的图书馆法正在积极地酝酿之中，前两年由于运作技术上的原因暂时受阻，但迫于社会进步和社会转型的需求，随时呼之欲出，出台只是时间上的问题。《四川省图书馆管理条例》（或《四川省公共图书馆管理条例》）也应尽早拟订纳入立法程序，提交四川省人大通过，以形成可供地方参照适用的地方性图书馆法，以利于四川省图书馆事业和公共图书馆事业的健康发展。

三、经费和馆舍

经费和馆舍是经营图书馆和开展图书馆服务的基本条件。四川省各级公共图书馆近年的经费和馆舍建设不断改善，表明在经济社会发展的进程中，公共图书馆的发展得到认同，也表明政府对公共图书馆服务和公共图书馆建设的支持力度。下面分别用列表的方式说明经费和馆舍的情况，同时与部分外省（区）做比较。

（一）经费及递增情况

表 3－3　四川省图书馆十年经费列表

年份	经费（万元）	新增藏书购置费（万元）
1996	603. 3	125. 5
1998	658. 5	160. 2
2000	795. 9	180
2002	1135. 8	210
2004	1429. 2	210
2005	1498	310

表 3－4　市州图书馆十年经费递增表

年份	经费（万元）	新增藏书购置费（万元）
1996	715. 2	121. 2
1998	974	159
2000	1132. 2	197. 2
2002	1554. 9	196
2003	2211	510. 5
2004	3870. 1	527. 8
2005	3060. 8	598. 1

表 3－5　县级图书馆最近十年经费递增表

年份	经费（万元）	新增藏书购置费（万元）
1996	1092. 6	166. 4
1998	1311. 3	218. 4
2000	1483	196. 5
2003	1964. 5	201. 3
2004	4034. 6	652. 4
2005	3747. 2	370. 5

（二）与东、西部地区部分图书馆的比较

下表每年度所列数字的上面一行是总支出经费

（以万元为单位），下面一行是地区人均购书费（以元为单位）。

表 3－6

地区 \ 年份	1979	1985	1990	1995	2000	2003	2004
四川	258	618 0.016	1789 0.027	3245 0.039	3462 0.058	5290 0.06	9261 0.153
北京	142	284 0.106	733 0.15	1851 0.239	5326 0.661	10270 1.21	10845 0.863
山东	275	496 0.015	1268 0.028	2968 0.059	6881 0.108	9623 0.16	12473 0.17
江苏	219	695 0.046	1514 0.068	4046 0.108	8400 0.239	15712 0.40	19104 0.452
浙江	130	624 0.047	1237 0.09	3082 0.135	8500 0.337	16506 0.50	18951 0.635
广东	201	691 0.04	2011 0.073	6807 0.183	14597 0.328	26569 0.66	32352 0.717
上海	402	897 0.345	2484 0.807	7021 1.71	24425 6.697	29432 5.03	32369 5.573
湖北	166	636 0.024	1109 0.047	2372 0.54	3952 0.116	6745 0.17	7292 0.174
云南	108	398 0.032	843 0.052	2234 0.117	3928 0.125	5339 0.15	6939 0.137
贵州	83	241 0.027	417 0.039	810 0.03	1428 0.047	2104 0.06	3083 0.037

（三）馆舍建设情况及其分析

1996 年至 2005 年，四川省县以上公共图书馆增设了 13 所，图书馆馆舍建筑也有较大幅度增长：1996 年全省公共图书馆总面积是 20.1 万平方米，2001 年是 23.7 万平方米，2005 年则达到 25.6 万平方米。十年增长了 5.5 万平方米，增长率 27.36%，超过图书馆数量的增长率（10.4%）。2006 年，宜宾市图书馆新馆舍竣工；同年，南充市图书馆立项并动土建新馆，2007 年底新馆舍落成。巴中市图书馆于 2006 年新馆舍立项，已经征用土地，并于 2007 年动工。

表 3－7　四川省市（州）公共图书馆建筑面积一览表（2006 年）

馆名＼项目	馆舍建筑面积（㎡）	备注
成都市图书馆	21985	成都市为副省级省会城市
攀枝花市图书馆	4045	
凉山州图书馆	6500	
乐山市图书馆	6816	
眉山市图书馆	1000	2005 年新成立
德阳市图书馆	1080	新馆在建
绵阳市图书馆	7000	
广元市图书馆	2656	
巴中市图书馆	0	已立项开工，拟与市文化馆合建 9772 ㎡，图书馆占 5772 ㎡
内江市图书馆	5772	2005 年竣工开馆
宜宾市图书馆	2104	新馆在建
雅安市图书馆	6000	2006 年竣工开馆
南充市图书馆	2010	新馆在建，5200 ㎡，2007 年底竣工
遂宁市图书馆	4269	

（续表）

馆名\项目	馆舍建筑面积（㎡）	备注
广安市图书馆	11000	成都市捐建，2004年开馆
达州市图书馆	4931	
资阳市图书馆	0	暂借雁江区图书馆开馆，一套人员两块牌子
甘孜州图书馆	2196	
阿坝州图书馆	1316	
自贡市图书馆	6031	
泸州市图书馆	14723	
各馆面积合计	111434	平均数：5306㎡

从上表可见市（州）级公共图书馆馆舍面积相差很大，同时，现市州级图书馆（含省会城市图书馆一所）平均建筑面积为5306平方米，以图书馆考评定级得分的满分30分计（即1万平方米以上）平均得分15分，只占总分的50%。有8所达到国家一级图书馆要求，4所达到国家二级图书馆要求，其余9所都在三级或等外级图书馆以下。

县级图书馆平均建筑面积1203平方米，以文化部考评定级满分35分（3000平方米）计，平均得分在15分上，不足总分的50%。有12所达到国家一级图书馆要求，27所达到国家二级图书馆要求，其余98所均在三级图书馆和等外级，建筑面积小于300平方米的有11所馆。馆舍建筑较差或者说极差的是省图书馆。20世纪90年代前期，四川省图书馆因决策失误，脱离利用政府投入修建公共图书馆的常轨，与以赢利为目的的民营企业合作，以置换方式修建新馆舍，随着该民营企业破产，置换馆舍的运作遭遇惨重失败。自此，四川省图书馆陷入一连串法律诉讼案件，馆藏几经搬迁，损失严重。迄今为止，一半以上馆藏（含古籍线装珍善本和民国版图书等珍贵图书等）约200余万册，藏于条件极差的成都市区周边租用的仓库里，受损甚巨。省图书馆的职能也受到极为恶劣的影响，不能提供正常的图书馆服务。目前，馆舍依然还是20世纪70年代修建的，面积狭小，全馆仅有420个阅览座位，无学术报告厅、演讲厅等设施，造成很多活动因条件受限无法展开。文化部和国家图书馆、上海图书馆发起差不多三年之久的学术讲座资源共享活动，全国各地图书馆均可参加，加强公共图书馆传播知识和成为人民终身大学的职能，使广大读者和人民群众从中受惠，但四川省图书馆却始终受制于馆舍条件，无法积极地较多地参与这项活动。馆舍条件恶劣已经成为制约四川省图书馆职能发挥的瓶颈，办馆条件远远落后于全国同级图书馆，落后于西部相邻的省级图书馆。

以下是四川省图书馆和国内部分省、市、自治区图书馆建筑面积的比较：

表 3-8

四川省图书馆	15100 ㎡
广东省立图书馆	38229 ㎡
上海图书馆	119106 ㎡
山东省图书馆	64792 ㎡
陕西省图书馆	42000 ㎡
重庆市图书馆	50000 ㎡（2007 年竣工开馆）
云南省图书馆	28 652 ㎡
贵州省图书馆	22 744 ㎡

在省委省政府的大力支持和省文化厅的领导下，四川省图书馆本届领导班子经过近十年不懈的努力，基本结束了与置换馆舍有关的错综复杂的法律诉讼，目前正在争取新馆舍立项。新馆舍立项的成败，关系到省图书馆的兴衰。由于省图书馆在全省公共图书馆中的中心地位和对全省公共图书馆以及其他基层图书馆的协作协调和业务辅导关系，省图书馆新馆舍的建设也相应关系到全省公共图书馆建设的质量。

四、专业队伍建设

据 2005 年统计：全省公共图书馆工作人员数量为 1699 人（省图书馆 232 人）；成都市图书馆市 135 人（成都市为副省级城市）；州级图书馆最多 42 人/馆，最少 2 人/馆，平均每馆 29.5 人；县、区级图书馆最多 25 人/馆，最少 1 人/馆，平均每馆 7.6 人。全省公共图书馆人员大学专科学历 785 人，大学本科学历

365 人，研究生 3 人；大专以上学历共 1150 人，占 62.9% 。几乎所有的在职的图书馆员都接受过短期的业务培训，但是从大学图书情报专业毕业的图书馆员却太过缺乏，全省公共图书馆只有 132 名，平均 1 所图书馆不足一名。全省公共图书馆高级职称 59 人（正高职称仅 2 人），占 3.47% ；中级职称 484 人，占 28.48%；高中级职称加起来，占总人数的 32%。根据 2005 年图书馆工作人员平均年龄的统计：全省公共图书馆有 17 所平均年龄在 30 岁以下；27 所在 35 岁以下；33 所在 40 岁以下；20 所在 45 岁以下；2 所在 50 岁以下；还有 2 所在 50 至 55 岁之间。通常，新建图书馆职工年龄结构较低，如 2004 年建馆的广安市图书馆（即邓小平图书馆）工作人员平均年龄 28 岁。大多数图书馆建馆时间较长，职工平均年龄偏高，有的甚至严重偏高，如小金县图书馆人均年龄 52 岁。

尽管和十多年前比较，公共图书馆的人员成分已经有了很大变化，学历结构和职称结构有所改进，最近在录用人员的方式上也开始较多地采用公考录用制度，这些都是十分有利于公共图书馆事业发展的。但是，以上数据仍然表明四川公共图书馆的从业人员整体素质还有待进一步提高。图书馆所有的从业人员，至少都应该有大学专科以上的学历（发达国家往往要求图书馆员有双学士学位或硕士学位，我们以本国的发展水平确定在大专学历以上应是合理的)。图书馆的中高级职称人员至少应达到图书馆员人数的百分之五十，每所公共图书馆业务人员中应有三分之一以上的图书情报专业毕业人员，馆领导班子至少有分管业务的馆长或副馆长接受过图书情报学教育。现有从业人员体系短期内无法改变，应该组织对现有从业人员进行有效的、经常性的专业培训。

四川省公共图书馆工作人员的工资待遇普遍偏低，这严重影响到公共图书馆职工队伍的稳定。公共图书馆服务属于政府公共服务体系的一部分，是纯公益性的事业单位，在发达国家享受公务员待遇，四川省仅有四家公共图书馆和公务员一样享受“阳光工程”待遇。其他135所公共图书馆职员与高校图书馆、科学院系统图书馆同级人员相比，年收入只能达到其百分之四十到百分之七十之间。即使与省外公共图书馆相比，相差也很大，甚至比西部省份如云南、贵州同级人员月收入都要少100至300元。此种因素影响到高学历、高职称、高素质专业技术和行政人员不安心图书馆工作，频繁跳槽和离职，对调动馆员的工作积极性也极为不利，严重影响正常业务工作的开展。公共图书馆面临的困境是：缺乏高素质的人才队伍，专业人员梯队难以形成。

五、业务工作

业务工作是图书馆建设的重要内容，包含文献信息资源建设、传统业务整序等工作，以及图书馆自动化和数字化等。

（一）文献资源建设

四川省是文献收藏大省，公共图书馆（尤其是省一级图书馆）历史积淀丰厚。全省公共图书馆藏量1745.9万册（件），居全国第八位；而四川省图书馆是国内最早建成的省级公共图书馆之一，藏量483.4万册（件），在全国省级图书馆中仅次于上海图书馆和南京图书馆等寥寥数馆。近一个世纪以来，四川省图书馆形成了自己丰富而具有特色的藏书体系，古籍善本、四川地方志书、地方文献、抗战版图书都颇具特色。最近五年，随着图书馆数字化技术和文化信息资源共建共享工程的发展，又购置了国内主要学术期刊、图书文献，经济、法律等大型专题数据库，为信息服务提供了保障。全省市级公共图书馆中，成都市图书馆为省会城市图书馆，也是建馆年代久远、馆藏较丰富的图书馆；南充市图书馆、泸州市图书馆、雅安市图书馆，20世纪50年代初期分别为川北、川南行署图书馆和西康省图书馆，馆藏丰富，藏量较大，分别在三四十万册以上，具有较深的文化积淀；绵阳市图书馆地处经济较好地区，除传统纸质文献外，亦购进数字文献资源；广安市图书馆虽为新建馆，但2004年小平百年诞辰之际，获得国家新闻出版署及全国500余家出版社赠书110万册。这些都奠定了全省公共图书馆文献资源建设的良好基础。

表3-9　四川省市（州）级公共图书馆藏量及新增藏量购置费统计表（2004）

馆名\项目	新增藏量购置费（万元）	藏书量（万册）
成都市图书馆	358.4	162.6
攀枝花市图书馆	20	33.45
凉山州图书馆	8.5	10.97
乐山市图书馆	20	13.1
眉山市图书馆	0	0
德阳市图书馆	21.5	10.1
绵阳市图书馆	33	38.4
广元市图书馆	10.9	11.1
巴中市图书馆	5.9	7
内江市图书馆	3.2	21.9
宜宾市图书馆	15	44.1
雅安市图书馆	5.6	30.1
南充市图书馆	10.5	43.2
遂宁市图书馆	5.7	18.7
广安市图书馆	16.8	110
达州市图书馆	4.2	18.4
资阳市图书馆	0	0
甘孜州图书馆	4.1	33.25
阿坝州图书馆	5	8.5
自贡市图书馆	12.2	26.7

（续表）

馆名\项目	新增藏量购置费（万元）	藏书量（万册）
泸州市图书馆	22.4	78.4
总数	563.5	719.97
平均数	29.98	37.9

然而，四川省人口众多，幅员辽阔，每年新增藏书购置费数量有限，全省的公共图书馆文献资源仍然严重不足。全省公共图书馆藏量按四川省人口平摊人均不足0.2册，如果按县图书馆计算，几万册藏书（少的甚至只有几千册）常常要服务全县数十万乃至上百万人口，人均拥有藏书的比率还要低得多，离联合国教科文组织和国际图联规定的馆藏人均2册存在很大差距。

2004年，全省公共图书馆新增藏量购置费1026.4万元，在全国各省市区排列第十一，全省年人均购书费0.153元（而发达国家差不多在10美元以上，我国东部发达地区如上海、江苏、浙江、广东地区则在几角到4至6元之间）。在此基础上，四川各市州图书馆年购置新书刊仅500余万元，加之图书馆经费不足，人“吃”书现象严重存在，各市州图书馆年补充藏书（含报刊）平均不足5000册（件）。

四川省县级公共图书馆年购置新书刊一共201.3万元，平均每馆17 814元，人“吃”书现象也很严重，差不多一馆一年只能购置不足600册书和报刊。

而新增藏量购置经费低于3000元的有13个馆；新增藏量购置经费为零的有14个馆；有18所县图书馆2004年没有购书，有10所图书馆3年没有购置一本图书。很多基层公共图书馆处于艰难的守摊看门的境地。

（二）图书馆传统业务

四川各级公共图书馆基础业务沿袭旧制，从书刊的采访、整序、典藏到流通，基本能展开正常业务工作，提供有效的图书馆服务。四川省图书馆承担编目中心的任务，统一提供全省公共图书馆编目数据加工，通过培训和实际工作的开展推进和规范全省公共图书馆的业务工作，收效显著。

四川省各级公共图书馆存在的主要业务问题，与图书馆管理者和图书馆员的业务素质有关，同时，也与管理体制、经费情况、馆舍情况等有关。要而言之，由于如下几个原因，各馆业务工作的发展受到很大的限制：①图书馆人员匮乏，尤其缺少图书情报专业人员，图书馆的规范化管理和细致的业务工作开展欠佳，各项业务工作从管理到运作均嫌粗糙，尤其对一些专业性较强的工作，标准化、专业化执行不力。②多数图书馆（尤其是县级图书馆）经费紧缺，藏书数量不足、馆舍空间狭小和业务人员素质不高对业务工作缺少支撑作用。譬如：一些骨干人员（包括馆领导）参加集训或业务会议，回馆后可能经年不能报销差旅费，如此形成恶性循环，使得图书馆工作不能顺畅运转。③图书馆面临技术转型，各公共图书馆在传统图书馆模式尚未健全的情况下，接踵而至就要接受自动化、数字化等新技术，技术层面和综合管理知识的盲区致使对图书馆的发展模式缺乏科学的设置。图书馆发展缺少前瞻性和计划性。④以上三点互为牵制，对公共图书馆的业务工作管理的规范化、业务工作的专业化，乃至图书馆业务形成负面影响。

（三）自动化与数字化

20 世纪 90 年代初期，图书馆自动化在川内公共图书馆启动。四川省图书馆是国内较早开展这一工作的公共图书馆之一，在 1990 年就开始机读目录编目，建立馆藏目录数据库；1992 年则通过论证采用文化部主导的 ILAS 图书馆集成系统方案，在省财政的支持下建立四川省图书馆的自动化管理系统。这在当时计算机技术始进入图书馆管理领域之时，实有开风气之先的效用。很可惜，在接下去省图书馆开始的置换馆舍中，图书馆业务工作受到莫大冲击，除了馆藏书目数据继续做下去以外，所建系统受阻，没能得到充分的发展，几近夭折，一直到进入 21 世纪初才重新恢复它的读者管理功能和图书流通功能，而直到近期（2005 年）才全面开通它的参考咨询和期刊管理功能，使得省图书馆的自动化系统得以完善。

四川省的图书馆数字化则始于20世纪90年代末期，也是走在国内公共图书馆前列，原因在于四川省图书馆置换馆舍失败，官司缠身，现有馆舍逼仄，无法有效地开展传统业务和图书馆服务，图书馆发展必须另辟蹊径。在一手抓传统业务的同时，在省委、省政府、省计委、省财政厅和省文化厅党组的关心支持下，四川省馆领导班子跟踪最新技术动向，即时部署，从1999年起，在办馆条件恶劣的情况下建成省图书馆网站和信息中心，通过信息化带动图书馆事业发展。特别是在文化部大力推动下开展的“共享工程”，结合文化信息资源共享工程和建设数字图书馆，提供先进文化信息服务的系统工程。我省也抓住这个有利契机，以“共享工程”为突破点，抓落实、促培训，成效显著，推动全省基层服务，把数字资源大力辐射到社会基层。如今，全馆拥有电脑184台，建成开通馆内OA办公平台，自主开发研制9个特色数据库，拥有宽带接入和304个计算机信息接点，建立共享工程全川市县分中心和基层服务站250余家，初步形成网上数字资源建设和服务体系。

尤其是2006年以后，四川省图书馆设立开通集跨库检索、网上导航、远程参考咨询和建特色数据库为一体的数字化平台，在网上开通万方数据、维普数据、清华同方、超星、中经网等国内大型数据库，面向全省提供文献信息服务，可供查阅全国90%以上学术期刊，10余万种图书，以及法律、经济等各类专题文献。

市（州）和县（区）公共图书馆实现图书馆自动化管理的有34家，占全省公共图书馆总数的24.46%，这说明四川省公共图书馆的现代化程度还较低下，但是各馆的计算机数量有较大幅度的增加。

表3-10　市（州）级公共图书馆计算机数量表（2004）

机构	计算机（台）	备注
成都市图书馆	220	成都市实为副省级省会城市
攀枝花市图书馆	26	
凉山州图书馆	36	
乐山市图书馆	63	含电子阅览室
眉山市图书馆	0	
德阳市图书馆	35	含电子阅览室
绵阳市图书馆	63	含电子阅览室
广元市图书馆	34	含电子阅览室
巴中市图书馆	0	
内江市图书馆	0	
宜宾市图书馆	23	
雅安市图书馆	3	
南充市图书馆	4	
遂宁市图书馆	30	含电子阅览室
广安市图书馆	140	含电子阅览室
达州市图书馆	42	含电子阅览室
资阳市图书馆	0	

（续表）

机构	计算机（台）	备注
甘孜州图书馆	11	含电子阅览室
阿坝州图书馆	0	
自贡市图书馆	41	含电子阅览室
泸州市图书馆	364	含电子阅览室
总数	1135	
平均数	54.04	

从上表可见，我省的市（州级）图书馆电脑设备配置在各馆是不平衡的，除成都市图书馆、广安市图书馆、泸州市图书馆、绵阳市图书馆外，其余馆的计算机设备均不足，较大一部分图书馆甚至严重不足。

表3－11　四川省县（区）级公共图书馆计算机数量统计（2004）

项目 / 地区	计算机（台）	县（区）图书馆数量（所）
成都	521	19
攀枝花	0	2
凉山	29	6
乐山	32	6
眉山	20	6
德阳	57	5
绵阳	16	7
广元	52	6
巴中	140	4
内江	21	2
宜宾	136	8
雅安	13	7
南充	52	7

（续表）

项目 地区	计算机（台）	县（区）图书馆数量（所）
遂宁	30	3
广安	146	5
达州	42	6
资阳	67	4
甘孜州	1	2
阿坝州	5	5
自贡	11	2
泸州	78	5
总数	1469	117
平均数（含成都地区的区县馆）	12.55	117
平均数（不含成都地区的区县馆）	9.7	98

以上表内所统计的计算机大多数（大约70%以上）并不是政府财政投入购置的，有一些是靠职工集资建电子阅览室购置的，还有的是为建立电子阅览室而引进社会力量购置的。这涉及两方面的问题，一方面这样做涉嫌违反文化主管部门关于公益服务电子阅览室不得集资设立或由任何人投资兴办的规定；另一方面这成为县、区图书馆计算机数量不足，自动化、信息化程度低下的真实写照。

即便如此，没有计算机的图书馆还有42所。

在2004年文化部开展的公共图书馆考评定级中，

全省现代化技术装备、数据库建设、自动化网络建设三项得分是很低的，如下表：

表 3－12

分值 项目	标准分值	平均分	失分	得分率
市（州）级馆	120	50.9	60.1	42.9%
县（区）级馆	85	25.7	59.3	30.2%

这足以说明我省公共图书馆的自动化、信息化技术还处在低级阶段，图书馆和图书馆服务还处于十分传统的形态，距离图书馆自动化管理和图书馆现代化还有很远的路程，政府的投入还很不够。

六、公共图书馆服务

公共图书馆的宗旨，是为人们的学习、研究和接受终身教育，充分地提供利用所有的馆藏和有效的信息服务。图书馆服务是检验图书馆绩效的主要标准。它涉及服务的覆盖率、读者的满意度、图书馆设备和馆藏的充分利用以及信息服务。对公共图书馆服务的优劣分两个方面：一方面图书馆本身要通过正确的理念和科学管理，充分发挥每一册馆藏的作用，建成多元化文献信息资源，为读者提供最大限度的服务；另一方面，图书馆的数量和分布要能够方便本地区所有读者的利用，满足本地区所有读者的需求。改革开放二十多年来，公共图书馆服务有很大改进：①几乎所有的公共图书馆都逐步从闭架服务变为开架或半开架服务，这极大地提高了馆藏利用率，从以前百分之四五十的藏书利用率，提高到百分之八十以上，越是处于基层的公共图书馆，其馆藏利用率越高。②服务形式多样化，最近几年全省公共图书馆正是朝着这个方向努力去做。各图书馆在坚持阵地服务的同时努力拓展馆外服务模式。如四川省图书馆在四川省人大常委会办公厅、中共四川省委宣传部、四川省荣军校、成都市残疾人活动中心、成都市红花小学等10个单位建立了分馆；为四川党政编印决策参考资料；坚持送书下乡、送科技下乡，惠及农村群众；开展“青少年网上读书活动”，引导青少年多读书、读好书；成都市图书馆坚持每周面向社会开设讲座，引起社会广泛关注；南充市图书馆和图书馆学会，联合南充市教委，开展网上读书征文评奖活动，引发了全市十万之众少年儿童参与写作“我爱家乡”的征文，等等。类似活动，各馆都有开展。③在社会转型和技术转型中，充分利用新技术为读者提供图书馆服务，扩大图书馆服务影响。有80所以上的市州县区图书馆开设了电子阅览室，扩大读者的阅读资源（至少主观上是这样的）。2006年，四川省图书馆率先在网上开通数字资源，丰富了省内公共图书馆“虚拟的”文献资源，国家图书馆也向四川省贫困地区免费开放网上资源，对四川全省公共图书馆网上服务提供了支撑；同时发挥全省公共图书馆服务群体的优势，结合文化信息资源共享工程的基层分中心和基层服务站点，力求把图书馆的丰富的数字文献资源送到基层，为群众服务。④由于商品经济大潮的冲击和图书馆经费的极度紧缺，公共图书馆有十数年之久面临有偿服务和公益服务之争，所有的图书馆几乎都因之不可避免地受到有偿服务呼声的负面影响，在办理借书证等项目上收取费用，个别图书馆甚至一度向读者收取租借书刊费用。21 世纪初以来，图书馆服务导向开始明晰，近期尤其强化构建公共文化服务体系，图书馆公益性服务呼声日高。2006 年，四川省图书馆倡导公共图书馆服务年，以百万巨资搭建多元化数据库，面向全川读者和基层公共图书馆无偿发放网上读书卡，反响良好。自 2004 年，广安市图书馆为纪念邓小平百年诞辰建馆，办借阅证除象征性收取 5 元押金外，不再收取读者分文，加之书源很好，市区内 18 万人口办证 4. 5 万张，占本地人口 25%，这在全国都是一个很高的比率。各地市级公共图书馆在服务上都在朝着公益服务的方向发展。

县级图书馆普遍稍逊于市级公共图书馆，办证收费，无论全县多少人口，办出借书证通常在 400 至 2000 张之间，加上一年中开展的各项活动，服务对象仍然只是当地人口很少的一部分。这一方面囿于图书馆馆舍、设备和经费的限制，同时也限于图书馆管理者的认知水平，对公共图书馆的本质与职能缺少充分的认识。

此外，重要的问题在于公共图书馆服务对当地人口的覆盖率，这是非图书馆自身的力量可以解决的，需要政府和社会各界通过不懈的努力才能不断提高。欧美国家平均 1.5 万到 3 万人拥有一所图书馆（据 *Libraries in Korea* 一书，南韩全国有各类图书馆上万所，差不多 4000 多人就拥有一所图书馆）。毫无疑问，就图书馆的成熟程度而言，欧美和日本、韩国等发达国家的社区图书馆都比四川的许多县区图书馆更具规模。在我国现有经济水平的支撑下要做到和发达国家一致尚无可能性。我们的公共图书馆设立到县区一级，远远不能满足群众（尤其是农村人口）的需要。四川 8700 余万人只有不足 140 所县以上的公共图书馆。服务人口覆盖率极低，平均 60 多万人拥有一所图书馆，而且县一级图书馆普遍服务质量不高。

发展乡镇图书馆，毫无疑问是提高服务人口覆盖率的一个重要途径。四川社区、乡镇图书馆（室）的设立，一直不是十分理想，几乎没有普遍意义上的公共图书馆，但省市县级图书馆的延伸服务在基层有所体现。尤其大、中城市周边要好些，例如，成都市龙泉区有 12 个乡镇，47 个社区，87 个村，在恢复乡镇文化中心图书室和兴办社区图书室的同时，区图书馆和一些行政村共同努力，稳步推进，先后在山泉镇桃源村、柏合镇东华村、茶店镇龙泉湖村等 20 个村建立了流动图书馆，流转图书达 40 000 余册（其中，茶店镇龙泉湖村和柏合镇东华村加大组织力度，短时间内就具备了一定规模，龙泉湖村有流动图书近 6000 册，东华村有流动图书和期刊约 5000 多册，书刊内容涉及农业科技、文学艺术、法律经济、医药保健等十多类图书）。为了避免以往基层图书馆时建时辍的现象发生，龙泉驿区图书馆正在争取文化主管部门、地方党政和文化信息资源共享工程省中心的支持，准备以这些流动图书馆为基础，逐步设立巩固的可持续发展的乡镇图书馆。

其他地区也有一些补充形式，如巴中市巴州区恩阳镇农民程光伟，建一私人图书馆提供公共服务 10 年，南允市蓬安县城东路李洪广也建一私人图书馆提供公共服务。而绵阳市涪城区杨家镇、石洞乡、平武县木皮藏族乡、梓潼县观义镇等地，2004 年以后建了几所“健华图书馆”，多由美籍华人赞助，地方乡镇政府或村委会管理，社会各界也有捐赠图书。这些形式，可视为建社区、乡镇基层图书馆的另一种尝试。

总而言之，四川的社区乡镇图书馆发展，仍然有待于抓住机遇，制定措施，循序渐进，逐步建立，重在巩固，抓好基层公益性阅读服务。在发展图书馆充分满足全体人民的求知和学习需求方面，有待于四川社会经济的进一步发展和地方政府的更多投入，这需要假以时日。

七、学术研究、协作协调、业务辅导和培训

四川省图书馆界具有良好的学术研究传统。省图书馆学会挂靠四川省图书馆，每年均组织一定规模的学术活动；办有《四川图书馆学报》，为国内较有影响的图书情报杂志，省内图书情报专业人员因此有一个较好的发表学术成果的园地；学会也有较好的评奖机制。

四川省图书馆设有研究辅导部，负责全省公共图书馆和其他基层图书馆的业务辅导工作，通过办培训班、开研讨会、举办现场经验交流会、办《川图导报》等方式对基层公共图书馆进行信息交流、业务辅导和工作指导。全川公共图书馆工作人员的主要业务培训渠道，即从此获得。此外，各市州图书馆和区县图书馆也相应设有业务辅导部，负责对下一级图书馆的培训。省文化厅对各级馆领导的培训也很重视，2004 年和 2005 年两年进行了百馆馆长培训，培训内容有时事政治、相关学科和图书情报专业课程三部分。

省内培训的主要困难在于各级公共图书馆缺少财政拨款的培训经费。2006 年，国家图书馆推行“西部援助计划”，两次对四川公共图书馆开设公益性培训课程；四川省图书馆最近两年培训都采取公益性办班措施，只收取微薄的费用以敷培训班运作（如规定办培训班收费不得超过 280 元/人）；这样做，大幅度地提高了参加培训的基层公共图书馆及其人员的数量，收到较好的实际效果。可是，各图书馆参加培训人员将交通费、食宿费用和培训费等加起来，仍然要达到 600—1000 元/人，多几个人参加培训就是不小的数目，而且这笔费用很可能挤占图书馆的购书款。

八、小结

四川省公共图书馆事业的发展基本上与社会经济和技术转型是相适应的。随着社会经济的发展，总体趋势上，政府对公共图书馆的投入逐年增加，新馆时有增加，办馆条件有所改善，基础业务建设稳步发展，图书馆服务影响逐渐扩大。但是，在有关公共图书馆建设的法制还不健全的情况下，为数不少的公共图书馆遗留的经费、编制、场地、服务等基本的问题长期得不到解决。四川省公共图书馆事业虽然处于不断的发展中，但总体处在一个低下的水平上：馆舍面积严重不足，新建公共图书馆的步履迟缓，购书经费投入不足，服务手段单一，服务能力不足，服务水平不高，读者大量流失，从业人员专业化程度不足，自动化程度偏低等情况还严重存在，有待引起党政有关部门重视，加以改进。公共图书馆建设，与当地经济发展和财政收入有必然的联系，但也不是绝对的——一些经济发展和财政收入不是很好的地区，政府对公共图书馆事业的投入在财政支出的比例依然较高；相反也有一些经济社会发展和财政收入较好的地区，政府对公共图书馆事业的投入在财政支出的比例依然较低。这关键在于政府认知和关注的程度，同时也需要从立法的角度给予根本的解决。

第四章　古籍和善本馆藏

一、古籍馆藏溯源

本调查报告前面各章，在四川省公共图书馆的统计数据中，频繁涉及各图书馆馆藏，馆藏资源的质量高低及馆藏资源丰富与否，通常关系到图书馆的服务质量。在这一部分，则对四川省公共图书馆范围的古籍收藏作一初步调研。之所以谓之初步调研，是因为对全省古籍作调研是一项专业性、技术性很强的工作，历来在统计上各馆几乎都有一笔糊涂账，难以精确，加之四川地域辽阔，调研工作量极大，非各个图书馆遵循统一的标准、共同努力推进而不能进行。当前，由文化部布置的古籍普查工作正在展开，相信通过较长一段时间的有组织的摸底调查，会有一个更完整、准确的结果。

中国是世界四大文明发源地之一，是包括印刷术、指南针、火药和造纸术在内的四大发明的所在地，是一个古文献丰富的大国。中华五千年文明史，留下卷帙浩繁的文献典籍，这些古代典籍既是中华文明史的结晶和记载，又是中华文明丰富而珍贵的文化遗产，涵盖了历史上文学、史学、哲学、宗教、政治、经济、文化、军事、艺术、天文、地理、农业生产、自然灾异、风土人情、自然科学技术等多方面的广博内容，具有极高的文化传承价值和开发利用价值。四川自古人文荟萃，又是雕版印刷术的发祥地和集散地（古代三大刻本中心，蜀刻与浙刻、闽刻并列其中），使得大量古籍收藏于川中，使四川成为文献资源大省。四川的古籍文献资源，现在主要收藏于图书馆，而在现代图书馆创建以前，四川的古代典籍主要靠书院、寺观、私人藏书家和政府藏书楼保存下来。

自唐以来，四川兴办书院，通常书院除讲学外，同时兼顾收藏图书。清康熙四十三年（1704 年），四川按察使刘德芳为振兴蜀学，作育人才，在成都文翁石室设锦江书院。此后，各地均广建书院，至嘉庆年间（1796—1820）通省书院逾 230 所，其规模较大的有：成都的潜溪书院、芙蓉书院、墨池书院、尊经书院，乐山的九峰书院，金堂的绣川书院等。民国建图书馆，书院藏书是重要来源。

寺观藏书，主要指藏于佛道两大宗教处所的藏书。自古以来，较大的寺观，兼具印制佛道经书的功能，并保存图书。清嘉庆年间，四川有大小寺观 1879 所，其中历史悠久，影响深远，藏经丰富者有：青城山常道观，新都宝光寺，成都文殊院和昭觉寺，成都青羊宫，三台佑圣观，等等。这些寺观，至今仍藏有丰富的佛道经书。

关于私家藏书，近世著名四川藏书家有李调元（1821—1885）、李鸿裔（1831—1885）、王秉思（1840—?）、李嘉绩（1843—?）、傅增湘（1872—1949）、刘鉴泉（1896—1932）、严雁峰（1855—1918）和严谷声（1890—1976）父子等。严氏父子丰富的藏书后来成为四川省图书馆馆藏。而清政府亦有藏书，民初四川省立图书馆创建，即以四川都督府接管前清四川提学使衙门学务局藏书为基本馆藏。

共和国建国后，初期西南军政委员会和川西、川南人民行政公署，曾下达保护文物通令，并列有保护图书内容。[①] 1954 年，四川省文化局制订《搜集保管旧书刊的意见》，确定西南图书馆负责川东、川南旧籍搜集，四川省图书馆负责川西、川北旧籍搜集，搜集内容为线装古籍和有价值的革命历史文献。这一时

---

① 《川南日报》载西南军政委员会关于注意保护文物的通令，称："西南蕴藏历代金石陶器雕刻图书文物，丰富至极……切勿任其分散、破坏、隐匿或盗卖、流落国外，致使祖国的文化遗物，遭受意外的损失。"川西人民公署第 172 次行政会议通过《川西区保护古迹文物暂行办法》，第四条称："各种珍贵版本、孤本、绝本、抄本与不常见旧书籍……均应妥善保管，不得损毁。"川南人民行政公署发保护文物补充指示，其第五条称："图书：古版及各种珍贵版本……与不常见书籍……等，应负责征集与妥善保管。"

期，凡已设立的公共图书馆，古籍数量均有较大增幅。以四川省图书馆为例，1951—1954 年接收古籍：新繁龙藏寺《南藏佛经》等2653 册；东方文教院6454 册；成都二仙庵《道藏辑要》一部及该书刻版 1100 片；周新甫、姜明达、龚泽浦、罗厚甫、刘鉴泉、王武君及崇庆上古寺、成都外侨管理科等藏书 61 706 册又 225 幅；严谷声藏书 35 028 册；成都公私合营银行 2186 册；荣县文化馆 13 145 册，另清刻藏经 7119 册；梁平县文化馆 524 册；川西博物馆、成都市图书馆、成都县文化馆若干；派员至乐山、遂宁、广安、三台、绵阳、罗江、德阳、广汉等县征集 16 848 册，又梵文贝叶经、藏文佛经两箱，等等。这一时期之后，图书馆仍然通过各种途径，把搜集古籍文献作为重要业务工作之一。例如著名作家李劼人于 1962 年逝世后，收藏的 20 000 余册古籍线装书，全数捐赠四川省图书馆；已故无产阶级革命家、中顾委委员李一氓所集花间集古籍，也全数捐赠四川省图书馆，丰富了四川省图书馆馆藏。

至 1990 年，据当时所修《四川省图书馆事业志》记载，关于四川省（包括现在已经随川渝分治划分出去的地区）古籍线装书的收藏为：省图书馆 576 920 册；成都市图书馆和重庆图书馆合计 619 433 册；20 所地专级图书馆 277 571 册；125 所县级图书馆合计

999 617 册；全省公共图书馆古籍收藏总计 2 473 541 册。由于绝大部分公共图书馆在管理上长期没有坚持（或无条件坚持）逐年核架清点制度，以上数字未必准确，但至少可供图书馆工作参考和供研究者参考。1996 年川渝分治之后，到目前开展调研活动之前，对四川省内公共图书馆的古籍馆藏，尚未曾再作全面的调查、统计。此次调研活动的统计数字，仍然存在上述问题，但取有统计数字总比没有统计数字好一些。

然而，古籍文献的利用价值却的确是不可低估的。在公共图书馆提供的服务中，古籍线装书经常被用到，尤其在研究工作方面：纂修地方志书，高等院校和科研机构的专题研究，都频繁用到公共图书馆的古籍典藏，甚至处理党政公务也是这样。例如：1972 年，日本曾企图侵占中国领土钓鱼列岛，将中国领土据为己有。四川省图书馆奉国务院指示，要查找钓鱼列岛的历史文献，编辑《馆藏钓鱼列岛资料目录》。资深图书馆员田宜超先生[①]运用丰富的古文献知识和考据学知识，从五十余人著作中查询钓鱼列岛资料，“收罗既富，乃勾稽历史，参伍群言，绘为海图，而通过海图，以无可辩驳的事实说明钓鱼列岛确系中国领

① 田宜超，四川泸县人，四川省图书馆研究馆员，古文字学家、文献学家。

土”，[①] 为中国外交谈判提供了有力的证据。又例如：泸州市图书馆馆藏古籍，为泸州市申报国家级历史文化名城提供了历史依据；为该市长江中上游水果基地的确立提供了史料，以此该市获得世界银行6000多万美元贷款；还曾在隆泸铁路的立项等大型科技工程中，起到很重要的作用。

然而，由于诸多原因，当前四川古籍保护存在不少问题，如现存古籍统计有误，底数不清，纸本老化，受虫蛀蠹害，破损严重；古籍修复手段落后，古籍工作人才匮乏，尤其是少数民族古籍保护和整理人员更是极度缺乏，面临失传的危险；大量珍贵古籍流失海外，等等。因此，有必要将全省现存古籍保存保护现状纳入调研范围。适逢《国务院办公厅关于进一步加强古籍保护工作的意见》（国办发［2007］6号）和文化部全国古籍保护工作会的精神传达，也为加强四川省古籍调研和古籍普查活动，吹来强劲东风。本调查报告既是“四川省公共图书馆现状分析与发展战略研究”课题的一部分，也可看作即将展开的全省古籍普查的前期工作。

二、调研目的和方式

（一）调研目的

① 摘自《田宜超业务自传》（手稿复印本）。

自改革开放后的20余年里，四川省公共图书馆事业得到了很大的发展。那么，作为公共图书馆重要馆藏内容和工作对象的古籍文献保存如何，数量有无变化，提供服务利用好不好？有哪些亟待解决的问题存在？应该采取什么措施解决？几年前，四川省图书馆辅导部，曾经对四川省部分公共图书馆收藏的古籍现状做过实地调查，结果不容乐观，形势十分严峻。调查结果显示：古籍保护刻不容缓，四川省现存古籍呼唤抢救。最近几年，随着经济加速发展，地方财政对公共文化事业、公共图书馆的关注和投入逐渐加大，其间，又经过第三次公共图书馆评估定级工作的促进，四川省公共图书馆的办馆条件总体上与前几年相比较，有了较大的变化。例如：前次调查中的乐山市、雅安市、内江市、广安市、宜宾市、南充市相继修建了或正在修建新馆舍，地方财政对图书馆的拨款有较大幅度提高，一些图书馆古籍收藏保存的条件相应得到了改善。然而，省内公共图书馆古籍文献的收藏、整理和利用，到底处于怎样一个水平，鉴于古籍文献不可再生的性质，而古代典籍在社会主义经济建设和精神文明建设中的作用越来越昭显，摸清古籍家底，总结经验，找出问题，制定改进措施，自然是十分必要的了。对全省公共图书馆现状作分析研究，探求公共图书馆的发展战略，当然也应把古籍工作的调研作为一个重要的内容。

（二）调查方式与内容

古籍调查采用发放问卷方式进行，发出调查表91份，先后回收61份。需要说明的是，尽管调查表未包括四川省所有的公共图书馆，而且回收问卷表明尚有20所之多的填表的图书馆完全没有古籍馆藏，但收藏古籍较多的市（州）图书馆及部分县级图书馆大都进入调查范围，基本上能代表和反映目前全省的古籍现状概貌。此外，也有调研者日常在做图书馆协调工作时亲临部分公共图书馆考察的印象作基础。

调查表的主要内容与古籍书库、古籍工作人员数量与专业技能、古籍阅览室、古籍藏量、古籍编目等数据以及信息等有关。

（三）调查结果汇总

根据回收的有效的调查表，并通过电话进行相关补充核实，进行调查结果汇总。需要说明的是：一些调查项目目前难以全面准确把握和反映，例如“古籍书库面积”、“古籍阅览室面积”和“古籍阅览座位总数”等，囿于地处办馆条件普遍偏差的西部地区公共图书馆，绝大多数没有专门单独设置的古籍书库，也没有专用的古籍阅览室，因此，此项只问有无，不单独罗列数据。

以下是有关调查项目结果：

表4－1 四川省图书馆古籍及其收藏情况调查表

收藏单位		四川省图书馆
馆舍面积（m^2）		15 100
古籍书库是否单独设置		是
是否有恒温恒湿设备		
是否有古籍书柜		有
员工总数		221
古籍员工数量		16
是否有专门的古籍修复人员		3
年流通量册、人次		22 857/4519
古籍藏量		65 0000
善本古籍数量		50 000
普通古籍数量		60 0000
破损情况（%）	虫蛀	有
	鼠啮	
	霉蚀	
	老化	
已编目古籍数量		基本已编
待编古籍数量		

表4－2 市（州）图书馆（含省会城市图书馆一所）

古籍及其收藏情况调查表（一）

收藏单位	成都图书馆	泸州市图书馆	德阳市图书馆（新馆在建中）	绵阳市图书馆
馆舍面积（m^2）	19 873	16 000	1500	7500
古籍书库是否单独设置	是	是		
是否有恒温恒湿设备	有			
是否有古籍书柜	有	有	有	有
员工总数	84	40	22	

（续表）

<table>
<tr><td colspan="2">收藏单位</td><td>成都图书馆</td><td>泸州市图书馆</td><td>德阳市图书馆（新馆在建中）</td><td>绵阳市图书馆</td></tr>
<tr><td colspan="2">古籍员工数量</td><td>2（1专1兼）</td><td>1</td><td></td><td>1（兼）</td></tr>
<tr><td colspan="2">是否有专门的古籍修复人员</td><td></td><td></td><td></td><td></td></tr>
<tr><td colspan="2">年流通量册、人次</td><td>457/94</td><td></td><td></td><td>50/35</td></tr>
<tr><td colspan="2">古籍藏量</td><td>9133 种，74 093 册</td><td>约 70 000</td><td>3250</td><td>2370</td></tr>
<tr><td colspan="2">善本古籍数量</td><td>281 种，3711 册</td><td>3300</td><td></td><td>260</td></tr>
<tr><td colspan="2">普通古籍数量</td><td>8852 种，70 382 册</td><td>约 60 000</td><td></td><td>1030</td></tr>
<tr><td rowspan="4">破损情况（%）</td><td>虫蛀</td><td rowspan="4">50% 以上</td><td>70%</td><td>5%</td><td>62%</td></tr>
<tr><td>鼠啮</td><td>5%</td><td></td><td>3%</td></tr>
<tr><td>霉蚀</td><td>10%</td><td></td><td>17%</td></tr>
<tr><td>老化</td><td>70%</td><td>1%</td><td>19%</td></tr>
<tr><td colspan="2">已编目古籍数量</td><td>8995 种，72 911 册</td><td></td><td></td><td>1960</td></tr>
<tr><td colspan="2">待编古籍数量</td><td>138 种，1102 册</td><td>60 000 余册</td><td></td><td>410</td></tr>
</table>

表 4-3　市（州）图书馆古籍及其收藏情况调查表（二）

收藏单位		自贡市图书馆	广元市图书馆	内江市图书馆	广安市图书馆	乐山市图书馆	南充市图书馆
馆舍面积（m^2）		6300	3000	5772	11 000	8000	新馆建设中
古籍书库是否单独设置		是		是		是	是
是否有恒温恒湿设备		有（空调）					
是否有古籍书柜		有	有	有	有	有	有
员工总数		27	35	22	40	35	31
古籍员工数量			1（兼）	1（兼）	1（兼）	3（兼）	2
是否有专门的古籍修复人员						1（兼）	1
年流通量册、人次		30 人次		32/4		2000/200	近千册/15 人次
古籍藏量（册）		31 000	3436	437	20	约 20 000	80 000 余册
善本古籍数量（册）		1000		8		约 16 000	2000 余册
普通古籍数量（册）		30 000	3436	429		约 4000	80 000 余册
破损情况（%）	虫蛀	10%	10%	有，未统计百分比	60%	40%	70% 以上
	鼠啮	5%				0%	
	霉蚀	80%	24%			40%	
	老化	90%	50%			80%	

（续表）

收藏单位	自贡市图书馆	广元市图书馆	内江市图书馆	广安市图书馆	乐山市图书馆	南充市图书馆
已编目古籍数量						50年代编印的书本目录
待编古籍数量	1200种	3436		20	约20 000	

表4－4　市（州）图书馆古籍及其收藏情况调查表（三）

收藏单位	宜宾市图书馆	达州市图书馆	遂宁市图书馆（含区县馆）	雅安市图书馆	西昌市图书馆	甘孜州图书馆
馆舍面积（m^2）	6000	6000	2000	6000	1023	1296
古籍书库是否单独设置	是	是		是	是	是
是否有恒温恒湿设备						
是否有古籍书柜	40个		（市馆有简易书柜）	有	有	
员工总数	26	21（在岗）	（市馆16人）	21	14	25
古籍员工数量	2（1人兼）	1（兼）		1（兼）	2	3（兼）

（续表）

收藏单位		宜宾市图书馆	达州市图书馆	遂宁市图书馆（含区县馆）	雅安市图书馆	西昌市图书馆	甘孜州图书馆
是否有专门的古籍修复人员		2（1人兼）	1（兼）				
年流通量册、人次					400/100		
古籍藏量（册）		20 000	20 000	24 010（市馆10 954册）	27 000	12 000（含民国版图书）	20 000
善本古籍数量（册）		200					几十册
普通古籍数量（册）		18 800	20 000		27 000		10 000余册
破损情况（%）	虫蛀	95%	有	5%	20%	0. 50%	70%
	鼠啮	10%	有	1%			10%
	霉蚀	25%	有	15%	10%		10%
	老化	100%	有	50%	20%		80%
已编目古籍数量		80%		登记造册		100%	
待编目古籍数量		20%	20 000	24 010			20 000

表4－5　县（市、区）图书馆古籍及其收藏情况调查表（一）

收藏单位所在市（州）		成都市	泸州市		绵阳市		德阳市
收藏单位		新津县图书馆	泸县图书馆	叙永县图书馆	平武县图书馆	北川羌族自治县图书馆	什邡市图书馆
馆舍面积（m^2）		1550	租借	1082	1505	628	2560
古籍书库是否单独设置		是		是			由（博物馆代管）
是否有恒温恒湿设备							
是否有古籍书柜		有	有	有	有		有
员工总数		5	9	11	3	4	8
古籍员工数量		1（兼）		1（兼）			1（兼）
是否有专门的古籍修复人员							
年流通量册、人次							50—100人次
古籍藏量（册）		2400	100	7000	100	200	300
善本古籍数量（册）			30				
普通古籍数量（册）			70	7000		200	300
破损情况（%）	虫蛀	100%		50%		50%	30%
	鼠啮					3%	
	霉蚀						10%
	老化	100%	50%		有		20%
已编目古籍数量			100	570			150
待编古籍数量				6430		200	150

表4-6　县（市、区）图书馆古籍及其收藏情况调查表（二）

收藏单位所在市（州）		广元市		广安市	乐山市		达州市
收藏单位		苍溪县图书馆	旺苍县图书馆	武胜县图书馆	犍为县图书馆	井研县图书馆	宣汉县图书馆
馆舍面积（m^2）		1404	1500	1700	1058	1000	1500
古籍书库是否单独设置			是	是	是	是	
是否有恒温恒湿设备				有（空调）			
是否有古籍书柜			有	有			有
员工总数		9	8	4	9	11	11
古籍员工数量			1（兼）	1（兼）	2（兼）	1（兼）	1（兼）
是否有专门的古籍修复人员			1（兼）				
年流通量册、人次				约几十人			
古籍藏量（册）		258	70	200	21 060	8700	90
善本古籍数量（册）					111（3套，全国两套，省级1套）		
普通古籍数量（册）		258	70		20 000	8700	90
破损情况（%）	虫蛀		有	有	100%	90%	
	鼠啮		有	有	10%	10%	
	霉蚀		有	有	60%	30%	
	老化	60%	有	有	80%	100%	
已编目古籍数量					有登记卡		90
待编古籍数量		258		200			

表4-7　县（市、区）图书馆古籍及其收藏情况调查表（三）

收藏单位所在市（州）		南充市		宜宾市		眉山市	
收藏单位		蓬安县图书馆	仪陇县图书馆	屏山县图书馆	长宁县图书馆	仁寿县图书馆	洪雅县图书馆
馆舍面积（m^2）		406	1100	519	1840	2000	1177
古籍书库是否单独设置			是		是（新馆设计有，目前无）		
是否有恒温恒湿设备							
是否有古籍书柜		有	有		有		
员工总数		7	8	4	11	9	3
古籍员工数量		1（兼）	1（兼）	1（兼）	1（兼）		
是否有专门的古籍修复人员							
年流通量册、人次					507		
古籍藏量（册）		1700	300	20 000	6835	900	600
善本古籍数量				2778			
普通古籍数量（册）		1700			6835	900	600
破损情况（%）	虫蛀			10%	3%	50%	100%
	鼠啮				0.7%	10%	
	霉蚀				1.1%		
	老化		10%		4%		
已编目古籍数量		1700	300	2778			
待编古籍数量							600

表4－8　县（市、区）图书馆古籍及其收藏情况调查表（四）

收藏单位所在市（州）		巴中市			雅安市	凉山州	
收藏单位		南江县图书馆	通江县图书馆	平昌县图书馆	名山县图书馆	雷波县图书馆	会理县图书馆
馆舍面积（m^2）		673	1105	2000	871	1053	1250
古籍书库是否单独设置		是	是				是
是否有恒温恒湿设备							
是否有古籍书柜						有	有
员工总数		12	10	16	8	11	10
古籍员工数量		1	1（兼）		1（兼）	1（兼）	2（兼）
是否有专门的古籍修复人员							
年流通量册、人次						80/260	40/40
古籍藏量（册）		1100	1000	106	20	80	2000
善本古籍数量（册）					4	30	
普通古籍数量（册）		1100	1000	106	16	50	
破损情况（%）	虫蛀	30%		有			10%
	鼠啮	10%		有			10%
	霉蚀	30%	40%	有			70%
	老化	30%		有		50%	100%
已编目古籍数量			1000		20		90%
待编古籍数量				106			10%

三、调查结果分析

以上数据，分别反映了省、市、县各级公共图书馆，以及各个地级市所辖范围古籍收藏的基本情况及其相关情况。我们试图用统计分析、归纳、类比的方法，对上表罗列的数据作出分析。

（一）四川省公共图书馆古籍收藏的优势

调查数据显示，目前全省公共图书馆现存古籍总量为 1 141 352 册（件），其中包括善本 79 432 册（件）。此数字不包括未发放调查表部分公共图书馆，但估计余下部分未统计图书馆，所藏古籍不多（还需要说明的是：此次调查未包括少数民族文献古籍，如甘孜州图书馆有藏文古籍千册以上，凉山彝族自治州图书馆无汉文古籍收藏，但有年代未做鉴定的彝文古籍 80 多卷，没有进入本次调查）。

在参与调查统计的图书馆中，收藏达万册（件）以上的图书馆，按收藏数量多少排列，依次为：四川省图书馆 650 000 册（件），占所调查古籍总量的 60. 65%；南充市图书馆 80 000 余册（件），占所调查古籍总量的 7. 47%；成都图书馆 74 093 册（件），占所调查古籍总量的 6. 91%；泸州市图书馆 70 000 册（件），占所调查古籍总量的 6. 53%；自贡市图书馆

31 000 册（件），占所调查古籍总量的 2.89%；雅安市图书馆 27 000 册（件），占所调查古籍总量的 2.52%；犍为县图书馆 21 060 册（件），占所调查古籍总量的 1.97%；乐山市图书馆、达州市图书馆、甘孜州图书馆、宜宾市图书馆、屏山县图书馆分别各收藏 20 000 册（件），各占所调查古籍总量的 1.87%；遂宁市图书馆 10 954 册（件），占所调查古籍总量的 1.02%。这 13 个馆所藏古籍占此次所调查 41 个馆古籍总量的 99.31%。此外，根据以前的调查，川南的南溪县馆 15 000 册，江安县馆 10 017 册，长宁县馆 10 000册，高县县馆 10 000 册，这些图书馆均收藏古籍万册以上。

收藏善本达千册（件）以上的馆依次是：四川省图书馆 50 000 余册（件），占所调查善本总量的 62.95%；乐山市图书馆 16 000 册（件），占所调查善本总量的 20.14%；成都图书馆 3711 册（件），占所调查善本总量的 4.67%；泸州市图书馆 3300 册（件），占所调查善本总量的 4.15%；屏山县图书馆 2778 册（件）占所调查善本总量的 3.5%；南充市图书馆 2000 余册（件），占所调查善本总量的 2.52%；自贡市图书馆 1000 册（件），占所调查善本总量的 1.26%。这 7 所图书馆所藏善本占此次所调查 15 所图书馆拥有善本馆总量的 99.2%。

数据分析表明：四川省公共图书馆有很好的古籍文献积累，品种丰富，藏量巨大，具有文献资源富积的优势。同时，绝大多数古籍资源集中收藏于省图书馆和市（州）一级图书馆，也藏于少数县图书馆，在省、市、县图书馆均有分布，以此为基础，有利于古籍文献资源的分散典藏、分布管理、服务合作、资源共享。

（二）存在的问题

然而，统计数据也反映出省内公共图书馆古籍收藏与管理的严重不足，问题多多，这些问题必须引起图书馆和有关方面的高度重视，以图改进。兹将有关问题罗列于后。

古籍书库紧缺，保管条件简陋，缺少专用设备设施。41 所公共图书馆中，古籍书库单独设置的有 23 所图书馆，占 56%，其他 44% 的图书馆根本没有专门的古籍书库。成都图书馆由于是新建馆舍，目前状况最好。四川省图书馆由于 20 世纪 90 年代的馆舍搬迁，迄今为止，一半以上馆藏（约 200 余万册，含绝大部分古籍线装书和珍善本图书，以及民国版图书等）藏于条件恶劣的成都市区周边租用的仓库里，既不能有效提供读者服务利用，又不利于收藏保管。前次调查之后，乐山市图书馆、广安市图书馆、雅安市图书馆、内江市图书馆、宜宾市图书馆、南充市图书馆相继修建了新馆舍，除了南充和宜宾二馆尚在竣工装修阶段，均已搬迁至新馆舍。总体存放条件有所改善，但县级图书馆改进不大，个别图书馆，如什邡市图书馆，古籍甚至在馆外存放，由市博物馆代管。

有古籍书柜的有 28 所图书馆，占 68%，但类别不一。成都图书馆是专用钢制古籍柜，一些图书馆则是一般的铁皮柜，还有一些图书馆是一般的玻璃门木柜。没有书柜的图书馆，有的将古籍装在纸箱内，还有的甚至打包打捆堆放。

41 所图书馆，只有 3 个图书馆填报有恒温恒湿设备，但经稍后通电话核实，只有成都图书馆具备专款购买的价值数十万元的恒温恒湿设备，其余两馆只有空调设备，只能恒温，不能恒湿。

严重缺乏古籍管理人员。如调查数据所示，目前绝大多数馆的古籍管理人员均为兼职人员，接受调查的 41 所图书馆中，从事古籍工作的图书馆员（包括兼职），总共 55 人。其中：有 21 所图书馆，仅有兼职工作人员 1 人；有 2 所图书馆，各有兼职员工 3 人；有 6 所图书馆各有专、兼职员工 2 人；仅有 1 所图书馆即四川省图书馆，有专职从事古籍工作人员 16 人，为总人数的 28.57%。此外，尚有 10 所图书馆，完全没有设置从事古籍工作的人员。

古籍管理需要有较高素质的专业人才。由于近年来图书馆人才流失严重，又无经费对在职管理人员进行专业培训，因此，而受过专业技能训练和具备古籍知识的人员少之又少，全省公共图书馆的古籍管理人员大多是不具备古籍管理知识和专业技能的一般图书管理人员，很难胜任这项工作。某次，四川省图书馆举办“古籍整理培训班”时，全省仅 11 所图书馆（包括三所高等院校图书馆）派出 13 人参加，有许多图书馆因支付差旅费困难而放弃了这次培训机会。

古籍修复人员极度匮乏。41 所图书馆中，仅 5 所图书馆有古籍修复人员，共有专、兼职古籍修复人员 8 人（5 名专职，3 名兼职）。以省图书馆所拥有的 65 万余册（件）古籍馆藏而言，只有 3 名古籍修复人员，平均每人需要担负 21 万册（件）古籍的修复保障工作；南充市图书馆 8 万余册（件），有 1 名古籍修复人员；达州市图书馆 2 万册（件）古籍，有 1 名兼职古籍修复人员；乐山市馆 2 万余册（件）古籍，有 1 名兼职古籍修复人员；宜宾市馆 2 万余件（册）古籍，有 2 名（1 专 1 兼）古籍修复人员。

成都图书馆 7. 4 万余册古籍（件），完全没有古籍修复人员。泸州市图书馆 7 万册（件）古籍，也完全没有古籍修复人员。其余调查范围内的 36 所图书馆，均没有古籍修复人员。

以上统计数据，意味着古籍修复人员严重不足，极度匮乏。一方面，各图书馆经费不足，人员安排紧张，无力安排专人或兼职人员从事古籍修复，也无力对现有人员进行培训；另一方面图书馆工资待遇不高，难以留住有一技之长的专业人员，例如：古籍修复和书画装裱属同一性质的工作，但古籍修复人员的收入远低于书画装裱行业，这必然可能造成人员流失现象的发生。

防护手段简单，古籍破损情况严重。与古籍修复人员匮乏相对应的是，各图书馆古籍破损情况严重，亟待寻求应对措施和策略。以泸州市图书馆为例，1998 年调查时是这样被描述的："...... 古籍破损严重、虫蛀不能翻阅、霉变书页粘合不能分开的达 58573 册，占该馆古籍总量的 60.1%；一般性破损、虫蛀、霉变的有 20595 册，占古籍总数的 21.14%；上述霉变虫蛀两类古籍之和占该馆古籍总量的 81.25%。不仅如此，目前保存完好的古籍，也开始出现虫蛀现象。"而本次调查填报的结果："虫蛀、鼠啮、霉蚀、老化"一项，分别为 70%、5%、10%、70%，情况又有所恶化。同样项目，再如井研县图书馆，其比率分别是：90%、10%、30%、100%。其他图书馆情况，均大致如此，或未填报，以示不清楚具体比率。调查显示，在古籍的保护手段上，各馆不一，方式普遍十分简单。例如：泸州市馆、井研县馆以放草药除虫；内江市馆则放点“除虫王”；雅安市馆目前将古籍装在纸箱内，放入叶子烟防虫；南江馆也是放叶子烟防虫；旺苍县馆用放樟脑丸方式防虫；西昌市馆请粮站来人施药，据称施一次能管三年。

古籍编目情况不容乐观。20 世纪 80 年代，四川省各古籍大馆参加《全国善本联合目录》编纂，并由省中心图书馆委员会办公室和省图书馆组织编制了《四川省善本联合目录》，成都市也编有《成都市古籍联合目录》。此前，省图书馆、成都市图书馆、南充市图书馆等，均编有油印的书本式馆藏目录。

本次对一般馆藏目录编制情况的调查，41 所图书馆中完全编目的有 8 所馆，所占比例为 19.5%；四川省图书馆为基本编目；部分编目的有 7 所馆，所占比例为 17%；遂宁市图书馆为“登记造册”；南充市图书馆为“50 年代编印的书本目录”；犍为县馆为“有登记卡”；其余 22 所图书馆古籍无编目。

事实上，全省的公共图书馆编目存在两个问题：现有的图书馆馆藏古籍目录缺少完整性，而且几乎没有采用中文古籍著录标准著录，目录组织也没有统一的标准；大部分公共图书馆尚没有对古籍进行整理编目。没有馆藏古籍目录和联合目录，必然制约古籍馆藏，在公共图书馆的服务中发挥应有的作用。

业务管理不规范，家底不清。调查表明：图书馆家底不清现象较为普遍，而并非个别的现象。一些图书馆没有准确的统计数据，填报的数据多来自数年前的估算，而不是近期核架清点的数据。不仅如此，很多图书馆本次填报的数据，尽管来自以前的记载，依然与有记载的历史数据不符，有的甚至出入较大。这表明，所有图书馆古籍统计缺少统一的标准，而个别的图书馆业务管理不规范，没有把藏书（尤其是古籍）核架统计、清点和古籍典藏统计工作纳入业务程序，形成制度，定时开展。

本次调查虽然获得较多关于各图书馆有关古籍的信息与数据，但由于上述原因，仍只能作为初步摸底调查的信息和数据，准确的家底，有待于各公共图书馆的共同努力，做更确切的、更深入细致的调查研究。全省公共图书馆和各类藏书机构收藏古籍及善本的准确数量和质量分析，有待古籍普查工作展开后，经过有序的、科学的查点、登记、定级、编目后获取。

四、引发的思考：策略与措施

过去一个世纪，四川省公共图书馆在发展壮大的过程中，积聚并收藏了川内大部分古籍资源，表明现代公共图书馆，不仅在提供民众服务方面有所建树，在对古籍的集中保存方面，也功不可没。最近几年，公共图书馆保存古籍的条件，尽管缓慢，但仍然在逐渐改善，朝着良性的方向发展。然而，就古籍是一种不可再生资源而言，公共图书馆古籍保存的现状，的确形势严峻，情况不容乐观，这样的事实是决不能忽视的。反映较为突出的问题，可归结到两个层面上：政府的责任和图书馆自身的责任。属于政府层面的，是地方财政投入不足，在图书馆馆舍、书库、设备、人员及其培训方面没有给予保障，需要各级党政关注解决，须知缺少硬件条件，任何图书馆都无回天之力，无法把古籍保存好、整理好、提供好服务。属于图书馆管理层面，则需要靠图书馆自身的力量解决，把古籍搜集、整理、服务纳入图书馆的日常工作。古籍保护需要政府、社会和图书馆共同关注，则政府、社会各界和图书馆要共同努力，把问题解决得好些、快些。要而言之，面对图书馆古籍保存与利用不尽如人意的地方，提出以下应对策略与措施：

①借中央政府文件东风，各级地方党政应充分认识图书馆古籍工作的重要性，加大对图书馆古籍工作的财政投入。

2007 年，《国务院办公厅关于进一步加强古籍保护工作的意见》文件颁发，表明中央政府已经高度重视中华古籍保护，把古籍保护工作纳入了重要的议事日程。这为图书馆保护、抢救、管理好古籍文献，为两个文明建设服务，铺平了道路。国家近期将古籍保护和古籍普查纳入议事日程，省政府也转发国务院文件，强调进一步加强古籍保护，这为图书馆界保护古籍带来契机。古籍保护仅靠图书馆自身的力量是不够的，需要各级政府在政策、财力上的有力保证。

四川省由省政府出面，省文化厅牵头，成立了全省厅（局）联席会议，由省文化厅成立古籍保护领导小组，并在省图书馆设立四川省古籍保护中心，负责组织制定、组织和实施古籍普查和古籍保护工作，同时在经费上给予古籍保护的专项投入。四川省古籍保护中心，将在四川省古籍保护厅际联席会议和省文化厅古籍保护领导小组的领导下，配合国家古籍保护中心的规划，接受其业务指导，制订出切实可行的全省各类古籍收藏单位和各级公共图书馆的古籍普查、培训、保护和修复计划，有目标、有重点、分阶段、有步骤地推进古籍普查工作和古籍保护、抢救工作。

政府应加大古籍保护工作和古籍保护经费的投入。地方财政对古籍工作和古籍保护的投入，应包括两个基本方面：图书馆古籍工作的日常经费和古籍普查的经费。

②充分认识古籍文献的价值，把古籍工作纳入正常的图书馆业务，推进普查工作的开展。

各级公共图书馆，均应对古籍保护及利用有一个全面而正确的认识，将其纳入业务工作程序，加强管理，做好服务。公共图书馆，尤其是基层公共图书馆，长期以来利用古籍文献的读者明显少于一般借阅读者，这就造成一些图书馆为到馆率高的读者考虑的多，注重表面的社会效益多，而忽略了具有较大的潜在的专业价值、文化价值、应用价值和社会价值的古籍文献。这和目前基层公共图书馆人员的业务素质和文化素质，也是有很大关系的。几年前，“宜宾市图书馆在对该地区各图书馆、文化馆（图书室）的情况进行调查时发现，有70%的工作人员对一般的古籍善本图书知识及其珍贵价值认识模糊，更有甚者，连什么叫古籍线装书都不知道。甚至有人认为这些破烂不堪的书放了几十年也没派上什么用场，现在经费紧张，没有整理的必要，再放几十年也没有什么，记载的都是老皇历了，对现在社会主义市场经济建设不会有什么用场。该馆在调查中还发现约占80%的图书馆、文化馆（图书室）对各自财产不清，对于古籍善本图书到底有多少册？有些什么版本？是否属于善本、珍本？甚至有的馆连馆领导也说不清楚。”① 时至今日，这种状况仍无多大改进的迹象。

业内人士尚且认识不清，就更不能寄希望于业外

---

① 唐岚，冯志．刻不容缓，我省现存古籍呼唤抢救——四川省部分公共图书馆古籍现状调查．川图导报，1999－02.

人士了。许多图书馆将古籍文献束之高阁，甚至打包堆放，任凭霉变虫蛀；在人员安排上，多无专人管理，或只设兼职人员管理；即或有心将现有古籍加以整理，又缺少熟悉古籍管理的人员，要培训又涉及经费问题，等等。因此，公共图书馆的古籍文献得不到应有的管理和保护，不能较好地提供服务，也就不足为怪了。

与此形成鲜明对比的是，在图书馆界尚普遍不重视古籍的管理和利用的时候，商业领域却已经有人提出，古籍线装书将是拍卖市场上“下一座投资金矿”。据媒体有关报道：2006 年，在已经落槌的古籍善本专场拍卖中，各家拍卖行均创出了近年来的最好成绩。中国嘉德这一专场总成交额为 2878 万元，成交率达 75%，其中“过云楼”旧藏的 179 种古籍善本，包括世存孤本南宋《锦绣万花谷》，被一位神秘买家以 2310 万元的价格整体购得。而在 2001 年春拍时，中国嘉德古籍善本专场总成交额仅为 280 万元，现在成交额翻番 10.28 倍。在申城，上海嘉泰拍卖行推出的古籍善本专场的总成交额也达到了 421.71 万元，成交率为 77%。其中戏鱼堂法帖（一箱 8 册）成交价达到 82.5 万元。北京翰海拍卖行的古籍善本专场也是“涨”声一片。该专场的总成交额为 556 万元，成交率为 66%。

图书馆以各类文献资源为工作对象，通过对各类文献资源的搜集、整理、保存，为读者提供利用和服务。古籍文献毫无疑问是重要的文献资源之一，携带了巨量的中华古典文化信息和传统知识，而且不具备再生性，在社会各界已经开始关注古本图书的时候，各级公共图书馆没有理由不把它管理好、保护好、利用好，充分发挥它的巨大作用。

③普查工作的协调、组织与培训。

根据《国务院办公厅关于进一步加强古籍保护工作的意见》和文化部古籍工作会议精神，四川省古籍普查工作已经拉开序幕。省古籍保护中心的工作思路，是搞好普查工作的关键。由于普查工作将是针对全省各类古籍收藏单位的工作，目的在于查清省内古籍收藏、利用和保护的全面的情况，而不仅仅是针对某一所图书馆开展的工作，省古籍保护中心的任务就是在厅级联席会议和文化厅古籍工作领导小组领导下，做好规划，联合高等院校和古籍藏量丰富的科研机构、博物馆、文化馆、寺庙等，以市（州）公共图书馆为骨干，组织和协调全省古籍收藏单位开展此项工作。各市（州）和古籍收藏较多的县，应建立与国家和省相配套、呼应的工作机制。

抢救古籍首先要实现人才的抢救，有了专门的人才，才能有效地开展古籍普查工作，因此，省古籍保护中心要进行系统的古籍整理专业人才培训。针对此次古籍普查所需要解决的问题，省古籍保护中心在参加普查单位范围内组织专门的培训，以普及必要的古籍常识和古籍普查定级工作所要求的标准化知识。

首先，对公共图书馆和古籍收藏单位参与本次古籍普查的工作人员进行培训。由于这次古籍普查工作是一项全国性的工作，国家古籍保护中心正在制定普查登记表和研制古籍普查软件，以及珍贵古籍、古籍定级和重点古籍保护单位等标准，普查工作将根据标准对古籍进行分级鉴定，组织普查专家组进行实地数据验收和核实，因此，结合《全国古籍普查工作方案》及其相关内容进行培训是非常必要的。

其次，针对目前专业修复人才极度不足，后继乏人的现状，制定出切实可行的培训计划，分期分批开展修复人员培训和技术指导工作。这一工作应尽快抓紧实施，因人才培训需假以时日，待普查工作完成，进入修复抢救阶段工作时，才能跟上修复抢救工作的需要。

此外，有计划地反复组织古籍基础工作培训班，培养出一批热爱古籍，熟悉古籍，有志于长期从事古籍整理工作和服务的图书馆员。

考虑到基层公共图书馆经费上的困难，古籍培训工作尽量采取省财政通过省古籍保护中心补贴的方式进行，开展公益性培训，少收或不收培训费。

④建立古籍保护的长效机制，把古籍普查工作和图书馆古籍整理、服务有机地结合起来。

本章对古籍的初步调研，如前所述，主要是从公共图书馆现状分析和发展前瞻角度所做的调研，目的在于在考察四川省公共图书馆现状时，也关注它的古籍藏书部分。适逢《国务院办公厅关于进一步加强古籍保护工作的意见》颁发，正好为本章的调研增加了动力和内容，然其调研者的落脚点仍然是把它作为四川省公共图书馆调研课题的一部分，因此，强调要从公共图书馆的长远建设出发，建立长效机制，把当前的古籍普查工作和图书馆常规的古籍整理和服务工作有机地结合起来。20 世纪 80、90 年代，文化部图书馆司先后曾在北京、上海、杭州等地分别举办了全国性的和地区性的古籍修复学习班，培养了一批专业人才，然而由于多方面原因，这些人员回到本单位后，绝大部分没有从事修复工作，真正留在修复岗位上的工作人员屈指可数。这种现象决不应该再次发生。强调长效机制，就是要考虑古籍保护工作的可持续开展，以及古籍典藏的有效利用，在人员方面不仅要有培训机制，还要有培训后的使用机制。

公共图书馆在做古籍普查工作时，可以和馆藏目录的编制以及和四川省古籍联合目录的编制结合起来做，也可以和古籍书目数据库结合起来做。在普查工作结束后，解决川内古籍的查找检索问题。在服务方面，也可在协作普查中，建立起通过古籍文献传递实现图书馆馆际借阅的机制：通过数码照相、扫描、传真和电子收发电子邮件等方式，实现古籍资源的共享服务。

在古籍整理和修复工作中，可采取一些灵活的做法。例如，上海图书馆为了抢救古籍家谱，聘用了大批下岗女工从事修复工作，这种方式可以借鉴。可以通过立项、申请专项经费，招聘社会人员加以培训上岗，把这项工作独立于图书馆常规工作之外，既便于管理，又可降低工作成本。

此外，可在全省范围内，协调一些工作的开展。譬如，为有效保护古籍文献，暂无收藏条件的图书馆，可考虑将古籍集中到有条件收藏古籍的上级图书馆或临近图书馆（或是将来国家认可的古籍重点保护单位）集中保管，而造册登记、产权等仍归属原收藏单位，在条件成熟时再收回保管。

第五章　公共图书馆少儿服务

一、为少年儿童服务的意义

公共图书馆是人们的终身学校。公共图书馆服务，为人们提供求知的渠道，为公民的终身教育和文化生活提供基本条件。在目前社会转型时期，公共图书馆也是各地构建公共文化服务体系的一个重要组成部分，担负着保障全体人民——不仅是成年人，也包括数量众多的未成年人——阅读平等和平等获取信息的职能。未成年人由于处于身体发育期，处在心智成长阶段，是接受教育的最佳时期，尤其得到关注。欧美等发达国家公共图书馆，尤其是基层公共图书馆，重视未成年人阅读服务，通常都设有儿童分馆，很多市、县图书馆都包括两个部分：成人分馆和儿童分馆，一半对一半。我国公共图书馆在发展、完善的过程中，对少年儿童的服务，也已得到越来越多的重视。

四川是一个多民族内陆省份，面积48.5万平方公里，辖21个市、州，181个县（市、区），人口8700余万人，其中未成年人2000多万，占四川省总人口的23%。2004年，四川省各类学校（不含技工校）5.3

万所，在校学生1846.9万人；除大专院校、中等专科学校和技术学校以外，有小学2.2万所，全年招生116.9万人，在校学生736.6万人；普通中学4965所，招生169.6万人，在校学生490.9万人。对于数量如此众多的未成年人（即少年儿童）和中学高中以下在校学生，各级公共图书馆毫无疑问肩负着巨大的压力和责任。

对四川全省公共图书馆少儿服务情况的调查，依然通过问卷、口头咨询、电话询问等方式，发放调查表126份（包括向全省各市、州图书馆发放调查表20份；各区、县图书馆发放调查表106份），回收88份（市、州图书馆20份；区、县图书馆68份），电话询问市州县图书馆45所51次（与发调查表有交叉，没有发调查表的图书馆也有问到）。也曾实地考察成都市图书馆、成都市锦江区图书馆、成都市成华区图书馆等3所图书馆。调查问题集中于：四川各市（州）县（区）公共图书馆有无少儿部（室），有无专职少儿图书馆员，少儿图书的收藏和借阅情况，各类少儿服务活动开展情况，公共图书馆与学校图书馆的协作及联系，以及未成年人上网阅读服务等。

二、四川基层公共图书馆少儿服务机构的设置情况

改革开放，为四川公共图书馆的发展带来契机，

尤其最近10年，公共图书馆建设的数量和服务质量稳步上升，形势可喜。据2006年统计，全省共有县以上公共图书馆140所，除省图书馆、成都市图书馆和20所市、州图书馆外，181个县级行政区建县级图书馆118所。

川渝分设前，重庆有一专门的少儿图书馆，分设后四川遂无专门的少儿图书馆，因此，省会城市及全川市（州）县（区）图书馆的少儿服务，均由各级公共图书馆承担。全省市（州）县（区）公共图书馆除了提供成年人的阅读服务和提供利用文献信息的服务外，大都也设立了少儿服务部（或少儿馆藏，或少儿阅览室）。各图书馆设立情况如下表：

表5-1

地区	设立了少儿部（室），或设有少儿藏书，提供少儿服务的图书馆	无少儿部（室）和少儿藏书的图书馆
成都市	成都市图书馆，锦江区图书馆，温江区图书馆，青羊区图书馆，成华区图书馆，金牛区图书馆，武侯区图书馆，龙泉驿区图书馆，新津县图书馆，彭州市图书馆，都江堰市图书馆，蒲江县图书馆，新都区图书馆，邛崃市图书馆	
自贡市	自贡市图书馆，荣县图书馆	
攀枝花市	攀枝花市图书馆	
泸州市	泸州市图书馆，叙永县图书馆，纳溪区图书馆，龙马潭区图书馆，泸县图书馆	

（续表）

地区	设立了少儿部（室），或设有少儿藏书，提供少儿服务的图书馆	无少儿部（室）和少儿藏书的图书馆
德阳市	德阳市图书馆，广汉市图书馆，什邡市图书馆，罗江县图书馆，中江县图书馆	
绵阳市	绵阳市图书馆，平武县图书馆，北川羌族自治县图书馆，梓潼县图书馆	
广元市	广元市图书馆，苍溪县图书馆，旺苍县图书馆	
遂宁市	遂宁市图书馆，射洪县图书馆，蓬溪县图书馆	大英县图书馆
内江市	内江市图书馆，资中县图书馆，隆昌县图书馆	
乐山市	乐山市图书馆，夹江县图书馆，井研县图书馆，五通桥图书馆，峨眉山市图书馆，犍为县图书馆，沐川县图书馆	峨边图书馆
南充市	南充市图书馆，高坪区图书馆，南部县图书馆，蓬安县图书馆，仪陇县图书馆	
宜宾市	宜宾市图书馆，江安县图书馆，屏山县图书馆，兴文县图书馆，长宁县图书馆	
广安市	广安市图书馆，广安区图书馆，武胜县图书馆，邻水县图书馆	
巴中市	巴州区图书馆，通江县图书馆，平昌县图书馆，南江县图书馆	巴中市图书馆
眉山市	眉山市图书馆，东坡区图书馆，洪雅县图书馆	
资阳市	资阳市雁江区图书馆	
达州市	达州市图书馆，开江县图书馆，万源县图书馆，大竹县图书馆，宣汉县图书馆	
雅安市	雅安市图书馆，名山县图书馆	

（续表）

地区	设立了少儿部（室），或设有少儿藏书，提供少儿服务的图书馆	无少儿部（室）和少儿藏书的图书馆
阿坝州	阿坝州图书馆，汶川县图书馆	理县图书馆
凉山州	会理县图书馆，昭觉县图书馆，雷波县图书馆，普格县图书馆	西昌市图书馆
甘孜州	甘孜州图书馆	

根据以上数据，市州县区图书馆 88 所，设立了少儿部（室）并开展少儿服务的图书馆 83 所，占 94%；未设立少儿部（室）并开展少儿服务的图书馆 5 所，占 6%。

此外，就各图书馆少儿服务占用馆舍面积看，其平均面积为：105.8 ㎡，平均坐席 56 个。排名前三位的依次为：广元市图书馆 400 ㎡，60 个坐席；广安市图书馆 380 ㎡，66 个坐席；绵阳市图书馆 350 ㎡，60 个坐席。最小的是夹江县图书馆和达州市图书馆，少儿阅览室的面积只有 20 ㎡。

三、少儿藏书与借阅

（一）藏书数量

调查显示，就建有少儿部（室）或设有少儿藏书的 83 个公共图书馆的情况来看，平均每馆收藏少儿读物 2167.95 种 9068.3 册。各公共图书馆有不同种类和数量的少儿藏书向未成年人开放，既可阅览又可外借。

少儿藏书品种和数量最多的是成都市成华区图书馆，有25000种，共50000册；最少的是凉山州普格县图书馆，有10种，共13册。

随着网络信息的传播，少儿读者的阅读需求、阅读行为也随着发生变化，他们收获信息和知识的途径不仅限于纸质读物。针对馆藏数字资源不足的现状，全省各图书馆在继续扩大、充实印刷型书刊文献的藏量时还要加大视听型、光盘型的入藏力度，彻底改变馆藏资源单一的问题，拓展服务领域。回收的88份调查表显示：26家图书馆收藏有为少儿提供服务的多媒体读物，所占比例为30%。其中数量最多的是广安市图书馆，6000件；最少的是南充市高坪区图书馆，只有10件。

（二）借阅的方式和服务时间

各公共图书馆根据本馆的具体情况，少儿藏书一般采用内阅和外借两种方式。通过实地考察成都地区的成都市图书馆、锦江区图书馆、成华区图书馆三所公共图书馆，他们除双休日和寒、暑假的服务时间是和本馆的开馆时间一致，一般都在每周50个小时左右，平时少儿阅览室都只是下午开馆。因为少儿读者是一群特定的读者对象，平时要到校上学，他们的借阅高峰期，主要集中在双休日和寒、暑假期，而平时周一至周五到馆的读者相对来说十分有限。针对少儿读者的特点，各图书馆都在时间上有所调整。

（三）管理与服务

大多数图书馆都参照成人阅览的有关规定，制定了员工守则和少儿服务与管理条例，以及借、还书规章制度等。据 88 所图书馆的抽样分析，其中有少儿服务设施的 83 所图书馆，平均发放借书证 593 个/馆；平均年接待未成年读者 11 080 人次，借阅图书 17 351 册次。据此，全省每年有数以百万计的未成年人接受图书馆服务。此外，公共图书馆开展各类社会活动，也会有较大数量小读者参与，如书展、讲座、征文活动等。南充市图书馆与本地教委开展的网上征文活动，一次活动就有达十万之众的中小学生参与。

（四）与学校图书馆藏书与服务的关系

四川全省有小学 2.2 万所，在校小学生 736.6 万人，小学学龄儿童入学率 99.8%。普通中学 4965 所，在校学生 490.9 万人。目前，各类学校也要求建设校图书馆（室），但学校图书馆建设的进度，根据学校的基本条件、投入经费、距离城市的远近程度和重要程度，不是十分平衡的。

学校是少儿读者的集散地。公共图书馆读者服务不仅在馆内提供，而且面向学校，通过在学校建立广泛的图书流通网点，使读者服务根植于广大少儿读者当中。这样把读者服务与学校相结合，有利于与学校图书馆（室）间进行文献资源、场地、服务的互补，有利于方便读者的借阅。调查显示，部分图书馆，如成都地区的成都市图书馆、金牛区图书馆和锦江区图书馆与一些中、小学建有“校园图书室”；自贡市图书馆在5个城市小学和5个农村小学建立了“红领巾读书点”；乐山市图书馆与3所学校建立了流动书箱；泸州市图书馆建立了学校图书室、社区图书室；龙马潭区图书馆与学校图书馆有文献流通，等等。特别值得一提的是南充市图书馆，与南充市教委联合，通过网络的作用，在全市9个县区开展“热爱家园”主题的有奖征文活动，2006年历时三个月，征集文章达10万篇以上，在中小学生和家长中形成巨大的社会影响。然而，全省仍然约有50%以上的公共图书馆与学校图书馆馆藏和服务缺少持久的密切的联系。

四、少儿图书馆员队伍

根据调查中的有效数据（部分图书馆表格数据填写不够详细、准确），以下是58所省内公共图书馆少儿图书馆员的一般情况：

表5－2

馆　名	人数	性别	年龄	学历	专\兼职
成都市图书馆	2	每天2人，读者部工作人员在少儿阅览室轮流值班			兼职
锦江区图书馆	1	女	30	高中	专职

（续表）

<table>
<tr><th>馆　　名</th><th>人数</th><th>性别</th><th>年龄</th><th>学历</th><th>专＼兼职</th></tr>
<tr><td rowspan="2">武侯区图书馆</td><td rowspan="2">2</td><td rowspan="2">女</td><td>22</td><td>大专</td><td rowspan="2">专职</td></tr>
<tr><td>41</td><td>大专</td></tr>
<tr><td>成华区图书馆</td><td>1</td><td>女</td><td>34</td><td>大专</td><td>专职</td></tr>
<tr><td>青羊区图书馆</td><td>1</td><td>女</td><td>40</td><td>高中</td><td>专职</td></tr>
<tr><td>龙泉驿区图书馆</td><td>1</td><td>女</td><td>20</td><td>大专</td><td>专职</td></tr>
<tr><td>新津县图书馆</td><td>1</td><td>女</td><td>30</td><td>大专</td><td>专职</td></tr>
<tr><td>温江区图书馆</td><td>2</td><td>女</td><td>36</td><td>大专</td><td>专职</td></tr>
<tr><td rowspan="3">都江堰市图书馆</td><td rowspan="3">3</td><td>女</td><td>32</td><td>大专</td><td rowspan="3">兼职</td></tr>
<tr><td>女</td><td>32</td><td>大专</td></tr>
<tr><td>女</td><td>45</td><td>中专</td></tr>
<tr><td>彭州市图书馆</td><td>1</td><td>女</td><td>43</td><td>高中</td><td>专职</td></tr>
<tr><td>广汉市图书馆</td><td>2</td><td>女</td><td>30</td><td>大专</td><td>专职</td></tr>
<tr><td>中江县图书馆</td><td>1</td><td>男</td><td>56</td><td>中专</td><td>专职</td></tr>
<tr><td>罗江县图书馆</td><td>1</td><td>女</td><td>29</td><td>本科</td><td>专职</td></tr>
<tr><td>什邡市图书馆</td><td>1</td><td>男</td><td>30</td><td>大专</td><td>专职</td></tr>
<tr><td rowspan="2">自贡市图书馆</td><td rowspan="2">2</td><td>女</td><td>30</td><td>大专</td><td rowspan="2">专职</td></tr>
<tr><td>女</td><td>39</td><td>大专</td></tr>
<tr><td>眉山市东坡区图书馆</td><td>1</td><td>女</td><td>27</td><td>大学</td><td>专职</td></tr>
<tr><td>平昌县图书馆</td><td>1</td><td>女</td><td>36</td><td>大专</td><td>专职</td></tr>
<tr><td>巴中市巴州区图书馆</td><td>1</td><td>女</td><td>43</td><td>大专</td><td>专职</td></tr>
<tr><td>通江县图书馆</td><td>1</td><td>女</td><td>35</td><td>大专</td><td>专职</td></tr>
<tr><td>隆昌县图书馆</td><td>1</td><td>女</td><td>37</td><td>大专</td><td>专职</td></tr>
<tr><td>内江市图书馆</td><td>1</td><td>男</td><td></td><td>大专</td><td>专职</td></tr>
<tr><td>资中县图书馆</td><td>2</td><td>女</td><td>20</td><td>大专</td><td>专职</td></tr>
<tr><td></td><td></td><td></td><td>40</td><td>中专</td><td></td></tr>
<tr><td rowspan="2">雅安市图书馆</td><td rowspan="2">2</td><td>女</td><td>25</td><td>本科</td><td rowspan="2">专职</td></tr>
<tr><td>女</td><td>50</td><td>大专</td></tr>
</table>

（续表）

馆　　名	人数	性别	年龄	学历	专＼兼职
名山县图书馆	2	男		本科	专职
		女		大专	
射洪县图书馆	1	女	53	中师	专职
南部县图书馆	1	女	40	大专	专职
南充市高坪区图书馆	1	男	28	大专	专职
蓬安县图书馆	1	男	30	大专	专职
仪陇县图书馆	1	女	45	中师	专职
叙永县图书馆	1	男	27	大专	专职
泸州市纳溪区图书馆	1	男	36	本科	专职
泸州市图书馆	5	男	48	高中	专职
		女	43	本科	
		女	50	中专	
		女	46	大专	
		女	51	高中	
邻水县图书馆	1	男	38	大学	专职
广安市图书馆	2	女	25	大专	专职
广安市广安区图书馆	1	女	38	大专	专职
武胜县图书馆	1	女	44	高中	专职
苍溪县图书馆	1	女	38	大专	专职
广元市旺苍县图书馆	1	女	32	大专	兼职
广元市图书馆	2	女	32	大专	专职
		女	35	大专	
绵阳市图书馆	1	男	45	本科	专职
北川羌族自治县图书馆	1	男	28	大专	兼职
犍为县图书馆	1	男	41	大专	兼职
乐山市图书馆	1	女	47	初中	专职
乐山市五通桥图书馆	1	男	43	高中	专职
井研县图书馆	1	女	43	大专	专职

（续表）

馆　　名	人数	性别	年龄	学历	专\兼职
大竹县图书馆	1	女	52	高中	专职
万源市图书馆	1	女	38	大专	专职
达州市图书馆	1	女	42	高中	专职
宜宾市图书馆	4	女	30－45	本1，专3	专职
屏山县图书馆	1	男	30	高中	专职
长宁县图书馆	2	女	40	大专	专职
凉山州昭觉县图书馆	1	女	44	大专	专职
会理县图书馆	1	女	44	初中	专职
雷波县图书馆	1	男	33	高中	专职
阿坝藏族羌族自治州图书馆	1	女	40	本科	专职
汶川县图书馆	1	女	39	大专	兼职
资阳市雁江区图书馆	3	女	32	大专	专职
攀枝花市图书馆	3	女 男 女	32 45 52	大专 大专 大专	专职

上表所列58所公共图书馆的少儿图书馆员，专职73个，占58所图书馆少儿图书馆员总数（82个）的89%；兼职9个，占11%；少儿图书馆员学历，大本10个，大专51个，大专院校以下19个（成都市图书馆因轮班制，没计学历）。统计数字表明：5所图书馆，少儿馆员3人以上；11所图书馆，少儿馆员2人；42所图书馆，少儿馆员仅1人。与从事成人服务的馆员数量相较，绝对数偏低。

图书馆服务质量的好坏很大程度取决于工作人员的综合素质和工作水平，所以工作人员不仅要有学历和职称的要求，还应掌握图书馆专业知识、计算机应用知识及儿童心理学、教育学、儿童文学、外语等知识。作为青少年读者服务工作者，其道德修养、言谈举止、仪表风度、工作态度对孩子都有潜移默化的影响。然而，调查结果显示，全省的少儿图书管理人员除极少数参加过专业培训以外，大都缺少图书馆学专业培训和教育学专业培训。

五、未成年人上网阅读服务

回收的88份调查表显示，有56个图书馆建有电子阅览室并有少儿阅览区，所占比例为64%。其中收费的27家，免费的29家。随着互联网络的普及，越来越多的青少年都热衷于上网。图书馆电子阅览室是小读者学习、利用网络的课外首选地。图书馆的工作人员除了教授他们上网技巧外，还要让他们掌握上网的道德规范，引导他们上网阅读好书和查阅文献信息。作为社会主义精神文明建设的重要阵地，公共图书馆有义务、有责任承担起对少儿的引导工作。公共图书馆对少儿提供免费服务可以很好地吸引他们来图书馆学习，从而达到对少儿进行有效引导的目的。

六、成绩与问题

调查结果显示，改革开放以来全省公共图书馆事业发展很快，公共图书馆少儿工作和少儿服务与此基本同步发展：①开放改革中公共图书馆以翻几倍的速率增长，而百分之九十以上的公共图书馆都设有少儿藏书和阅览外借设施，使得全川各地少年儿童至少有了自己的阅读场所，让较多未成年人和少年儿童享受到改革成果，从小养成阅读和自学的习惯；②各公共图书馆在开展少儿服务方面，基本设立了儿童书专藏，开辟了专门的阅览室或阅览区，并安排专职或兼职的儿童图书馆员负责相关工作，形成了此项工作的发展基础和长效机制；③各图书馆广泛开展各类少儿服务活动，指导少年儿童阅读和上网查阅资料，对在校教育之不足形成补充，而且丰富了少年儿童的课外生活；④完善了公共图书馆的职能。

然而，调查结果也显示，四川省公共图书馆少儿服务也还存在一些不足，亟待改进：①据统计，全省1个副省级城市、20个地级市（州），尚未设立一所专门的少儿图书馆；全省181个县级行政区建图书馆仅118所，没有公共图书馆的61个县级行政地区，基本没有少儿阅读服务。而据前面抽样分析，公共图书馆建立少儿服务设施的为94%，照此类推既有公共图书馆又有少儿服务的地方大约只占110个县级行政区，加上没有独立设置县级公共图书馆的地方，尚有70个左右的县（区）缺少少儿阅读服务。②即使设立了少儿服务设施的图书馆，少儿服务阵地过小，少儿藏书少，少儿服务方式单一，少儿图书馆员服务水平需要进一步提高，机制仍然有待改进、完善。谨慎乐观估计，青少年儿童能够获得公共图书馆服务的人群不足十分之一，图书馆少儿服务相对全省数量巨大的青少年人口数，仍然亟待有一个大幅度的提升，才可能适合与满足最广大的未成年人的阅读需求。③根据发达国家经验，公共图书馆（尤其是基层公共图书馆）儿童设施和服务应和成年人一半对一半，我们的现状差距尚远，但应以此为发展目标，努力去接近它。

第六章　四川民族地区公共图书馆

四川省是中国西部的一个多民族省份。研究四川省公共图书馆的状况，一定要把民族地区公共图书馆的发展放在重要位置加以考察，才符合四川省情。为了完整全面地研究分析四川省公共图书馆的现状，制订有效的公共图书馆发展策略，推进四川省公共图书馆的总体建设和全面发展，同时有针对性地制定四川民族地区公共图书馆政策和策略，使民族地区公共图书馆事业与内地公共图书馆同步发展，以保障民族地区人民享有阅读权利和信息平等的权利，无疑应充分地研究四川省内地广人稀、民族特色各异的民族聚居区的生存状态，以及民族地区公共图书馆建设的条件和状况。笔者以累计为期四周的时间，到阿坝州、凉山州和甘孜州考察，实地走访调研三民族自治州州图书馆和马尔康、红原、若尔盖、松潘、小金、金川、纹川、茂文、西昌、普格、盐源、泸定、康定等州、市、县图书馆（或文化馆图书室），并向省内所有民族地区公共图书馆发出问卷共 62 份（川内县以上民族地区实际上只有 56 个，62 份之数涵盖了州级图书馆和民族院校图书馆），回收 43 份，召开小型座谈会

11 次，电话询问若干次，以直接和间接获得的资料为基础，撰写此报告。

一、四川省民族地区基本情况

在第三章“四川省公共图书馆现状分析”中，我们已经提到过一些四川省民族地区的数据，这里为了民族图书馆专题研究的需求，仍然把其中有关民族地区（包括稍后提到民族地区图书馆）的一些数据单独列出，以保证民族地区基本数据的完整性。

（一）四川少数民族及其分布

我们知道，全国 56 个民族，四川省人口统计中所占族种为 53 个。四川世居民族 14 个，除汉民族以外，另有人口在 5000 人以上的 13 个少数民族，包括彝族、藏族、羌族、回族、蒙古族、傈僳族、满族、纳西族、白族、布依族、傣族、苗族、土家族等。

彝族是四川境内人数最多的少数民族，主要集中在大小凉山与安宁河流域，形成全国最大的彝族自治区。

藏族居住甘孜、阿坝州和凉山州的木里藏族自治县等高原地区，形成中国第二大藏区。

羌族是中国历史上最古老的民族之一，主要居住岷江上游的茂县、汶川、黑水、松潘、北川等地，成为中国唯一的羌族聚居区。

四川省有21市、州（含副省级省会城市成都），其中民族自治州3个，占14.3%；全省181个县级行政区域，民族县级行政区和享受民族待遇县（区）共56个，为30.92%。2004年末阿坝藏族羌族自治州、甘孜藏族自治州、凉山彝族自治州，以及北川羌族自治县、峨边彝族自治县、马边彝族自治县（未包含其他享受民族待遇县区）人口644.9万人，占全省总人口7.4%；而辖区面积30.5万平方公里，占全省土地面积62.9%。兹将阿坝藏族羌族自治州、甘孜藏族自治州、凉山彝族自治州的人口、土地和辖区面积等数据列表于后，便于一目了然。

表6-1　三州人口、土地面积和辖区统计表

州名	土地面积（平方公里）	人口（万）	所辖市\县（个）
阿坝州	98 000	84.81	13
甘孜州	153 000	92	18
凉山州	60 423	435.63	17

（二）经济现状

在国家和四川省经济社会改革开放、迅速发展的背景下，四川省民族地区在原来以农牧经济为特征的基础上，发展旅游业，开发加工业（如牛奶饮品、肉类加工等），地方经济历年呈递增态势。如下表（空白处为未获得数据）：

表6-2　阿坝州经济统计表①

年份	国内生产总值（亿元）	年增长率	财政决算收入（亿元）	一般预算收入（万元）	人均国内生产总值（元）
1996	29.39			17 154	3685
2000	35.28	5.0%		18 673	4288
2004	62.65	14.3%	7.27	42 402	7126
2005	75.19	15%	10.5	57 301	8488
2006	86.98	12.8%	12.5		9758

表6-3　甘孜州经济统计表②

年份	国内生产总值（亿元）	年增长率	财政决算收入（亿元）	一般预算收入（万元）	人均国内生产总值（元）
1996	22.44			12 529	2564
2000	24.68	-2.1%		8114	2797
2004	42.10	13.6%	27.91	17 213	4615
2005	50.05	13.8%	33.99	26 632	5439
2006				148 200	

表6-4　凉山州经济统计表

年份	国内生产总值（亿元）	年增长率	财政决算收入（亿元）	一般预算收入（万元）	人均国内生产总值（元）
1996	100.97			54 557	2657
2000	144.55	7.54%	14.42	78 962	3630
2004	250.56	14.2%	52.75	114 860	5803

---

① 资料来源于阿坝州统计部门和阿坝政府门户网——阿坝年鉴2007. http://www.abazhou.gov.cn/jlab/jlab-abnj.asp。

② 于甘孜州统计局提供数据。

（续表）

年份	国内生产总值（亿元）	年增长率	财政决算收入（亿元）	一般预算收入（万元）	人均国内生产总值（元）
2005	300.22	13.8%	60	147 721	6934
2006	359.6	14.5%	74.19	213 283	8331

（注：各州一般预算收入项为各州当年财政总收入）

（三）教育状况

一个地区的阅读情况和信息环境，和当地的教育环境有很大关系。以下根据2005年和2006年的数据，可说明三州的教育发展势头良好，民族地区群众的文化素质日益提高。

阿坝州（2006年）有大专院校1所，各类中专学校4所，年末大中专学校在校学生7816人，招生2795人，当年毕业生1583人，有专任教师467人；有普通中小学1241所，在校生153 746人，专任教师8822人；幼儿园28所，在园幼儿7316人。学龄儿童入学率97.88%，比上年提高1.75个百分点。①

甘孜州（2005年）全州有各级各类学校977所，在校学生136 905人，教职工8900人，其中：普通高校1所，在校本专科生7832人（含成人），增长10.6%；小学927所，在校小学生96 596人，增长

① 资料来源于阿坝政府门户网——阿坝年鉴2007. http://www.abazhou.gov.cn/jlab/jlab-abnj.asp。

2036 人，学龄儿童入学率 97.5%，提高 1.8 个百分点；普通中学 36 所，在校学生 29 936 人；中等职业教育（职高、普通中专）学校 5 所，在校学生 2541 人。普及初等义务教育任务全面完成，“普九”人口覆盖率达到 53.6%。①

凉山州（2005 年末）全州有各级各类学校 2388 所，在校学生数 79.97 万人，比上年增长 9.3%，其中少数民族学生 39.17 万人，增长 17.2%；教职工人数 3.93 万人，其中专任教师 3.47 万人，分别增长 2.6% 和 3.6%。基础教育成绩显著。全州青壮年非文盲率达到 97.8%，提高 0.5 个百分点。共有 12 个县市普及义务教育，“普九”人口覆盖率为 80.3%，提高 0.8 个百分点。小学学校数 2150 所，在校学生 57.54 万人，比上年增加 4.41 万人，增长 8.3%；小学学龄儿童入学率 98.34%，比上年提高 0.84 个百分点，其中少数民族学龄儿童入学率 95.80%，提高 1.61 个百分点。小学辍学率 3.47%，下降 2.9 个百分点。普通初中在校学生 15.14 万人，增加 1.78 万人，增长 13.3%。农村义务教育阶段享受免费教科书的学生 32.65 万人，享受免杂费的学生 73.0 万人。中等教育

① 资料来源于甘孜州统计部门和《四川年鉴 2006》——甘孜藏族自治州“社会事业”。

继续扩大。各类高级中学（含技工校）60 所，在校学生 5.43 万人，增加 0.57 万人。其中中等专业学校在校学生 0.58 万人，职业高中在校学生 0.32 万人。高等教育快速发展，西昌学院当年招生 3241 人，在校学生 15103 人，其中少数民族学生 1918 人，毕业生 3024 人。成人教育稳步发展。全州成人中等教育在校生人数 0.12 万人，成人初等教育在校生人数 3.99 万人，成人技术培训学校人数 49.50 万人，参加全国统一自学考试的人数达 1.41 万人。①

二、民族地区公共图书馆现状

四川民族地区公共图书馆基本上是与开放改革及当地的经济、文化、教育、科研等同步发展的。四川民族地区公共图书馆，有州、县二级图书馆，县图书馆又有独立建制，县文化馆、县文管所两馆一所合三馆为一馆或合文化馆、图书馆二馆为一馆建制的情况；此外，也有一些公共图书馆体制外数量极少的提供阅读公共服务的补充形式存在。

（一）州立图书馆

阿坝、甘孜、凉山三州，现在都设立了州图书馆，

---

① 资料来源于凉山政府门户网——凉山州 2006 年国民经济和社会发展统计公报 . http：//www. lsz. gov. cn/inc/showdetail. aspx？ infoid = 36535。

州图书馆均设在州府所在地，除为州府所在地党政机关和人民群众提供服务外，并在全州起着中心图书馆的作用，担负着对本州基层图书馆业务发展和提供服务的指导和协调的任务。

甘孜藏族自治州图书馆：1956 年筹建，1959 年正式建馆。1975 年一度并入州文化馆，成为该馆一个组，1981 年恢复独立建制。迄今几经修建扩充，馆舍合计 2196 平方米。建馆初期，馆藏接收西康省撤省时移交的图书、杂志、画报 100 000 余册，以及民国时期刘文辉图书馆遗留下来的部分精装平装图书 20 000 余册。现有新旧藏书 332 500 册（含藏文图书 12 000 册）。设立办公室、自动化信息部、采编阅览部、地方文献部、藏文文献部等部门。

阿坝藏族羌族自治州图书馆：始建于 1974 年。初为州文化馆图书室，没有专职图书馆员，1979 年逐步增设专职管理人员。经费初由州文化馆代管，1980 年起单列。建馆之初，馆舍借用文化馆和文管所用房，1985 年始与州文联、文管所合建综合楼，一二层并中间单元三至八层为图书馆所有，扣除宿舍用房，图书馆使用面积 1316 平方米，阅览面积 742 平方米，书库面积 400 平方米。现设有办公室、读者工作部、文献资源部、自动化服务部等部门。据 1990 年统计，藏书为 58 855 册（件），2006 年为 88 427 册（件），16 年中增长约30 000册（件），平均年增加1875册（件）。

凉山彝族自治州图书馆：1992年10月1日，于凉山彝族自治州建州40周年纪念日建馆。占地7758平方米，建筑面积6500平方米。设置八个部门和借阅、报刊、地方文献、彝文、电子阅览等服务窗口。现有藏书130 000册（含彝文图书），报纸60种，期刊300种。

为了对三州州立图书馆有一个全面而概略的了解，同时便于分别情况进行对比分析研究，兹将三所州图书馆的部分基本数据（2006年）列表如后：

表6－5

单位名称	人员数量	职称		大专以上学历	馆舍面积（㎡）	藏书量（万册）	阅览座位	经费（万元）	
		高级	中级					总经费	购书费
甘孜州图书馆	25	2	8	21	2196	33.25	120	140	7.294
阿坝州图书馆	15	1	5	12	1316	8.43	210	84.6	6
凉山州图书馆	34		20	17	5360	12	350	101.42	10

（二）县图书馆

四川民族地区县一级图书馆存在两种情况。

第一种情况：计划单列有独立建制的县级图书馆。

根据2004年图书馆考评定级材料和近期调查数据显示：四川民族地区和享受民族地区待遇的56个县级行政区，设立图书馆属于计划单列的只有15所，占26.78%，其余均为两馆合一或三馆合一或未建立图书馆者。其中计划单列的县级公共图书馆及其基本情况如下表：

表 6－6

单位名称	人员数量	职称		大专以上学历	馆舍面积（㎡）	藏书量（万册）	阅览座位	经费（万元）	
		高级	中级					总经费	购书费
阿坝纹川县图书馆	4		1	2	894	4.9	55	17.4	2.4
阿坝茂县图书馆	7		2	2	400	2.3	20	22.6	0.6
凉山西昌市图书馆	40	1	5	8	1375	11	350	44.3	4
普格县图书馆	4			2	2000	2	120	8	1
德昌县图书馆	6		2	2	1438	1	80	16	2
会理县图书馆	10	2		8	2000	8	100	24	3
会东县图书馆	4	4		4	1200	3	80	8.5	1.2
宁南县图书馆	2			1	500	1	70	5	
昭觉县图书馆	3	1		2	1898	3.3	100	8.7	1
雷波县图书馆	10	3		5	659	6	130	12.6	1
绵阳北川县图书馆	4	2		4	1200	3	50	15	0.5
攀枝花米易图书馆	4		2	4	1250	7	100	14.7	3
盐边县图书馆	3			2	400	2.2	24	1.5	
仁和区图书馆	1			1	在建	1.1		1	
雅安石棉县图书馆	4			2	400	2.28	100	6.5	2

三州有独立建制的县一级图书馆始建馆时间均较晚，差不多都在20世纪80年代以后才设立。西昌市（县级）图书馆是个例外，其前身可追溯到民国时期西康省立图书馆，建国后一段时间也因其规模和所在

位置，被视为专区一级图书馆地位，[①] 此地位一直保持到凉山州图书馆成立为止。

第二种情况：两馆或三馆合一、未计划单列的县图书馆（室）。其基本情况如下表：

表 6－7

单位名称	人员数量	职称		大专以上学历	馆舍面积（㎡）	藏书量（万册）	阅览座位	经费（万元）	
		高级	中级					总经费	购书费
甘孜泸定县图书馆	2			2	719	5	20		
康定县图书馆	2		1	2	300	0.3			
丹巴县图书馆	2				105	0.56			
九龙县图书馆	1		1	1	120	2	12		
道孚县图书馆	2				80	0.2	3.5		
炉霍县图书馆	2				420	3	50	4	0.3
色达县图书馆	2			2	120	1.9			
新龙县图书馆	1			1	200	1.3	58	1.8	
德格县图书馆	2		1	2	118	3	60		
白玉县图书馆	3		2	2	960	0.1			
石渠县图书馆	3		1	1	890	0.13			
雅江县图书馆	2			2	200	1		3.5	
理塘县图书馆	2			2	180	4	2		
巴塘县图书馆	1			1	100	0.7	5		
稻城县图书馆	2			2	75	1.1	4		
乡城县图书馆	1			1	600	1.1			
得荣县图书馆	2		2	2	584	4	40		
甘孜县图书馆	2				30	0.2			

① 四川省图书馆事业编纂委员会编．四川省图书馆事业志，成都：四川大学出版社，1993：86。

（续表）

单位名称	人员数量	职称		大专以上学历	馆舍面积（㎡）	藏书量（万册）	阅览座位	经费（万）	
		高级	中级					总经费	购书费
阿坝红原县图书馆	3				75	0.78	5	5.2	0.1
壤塘县图书馆	1			1	49	2.1		2	
小金县图书馆	1		1	1	200	2	16	2.2	
若尔盖县图书馆	3		1	3	150	1.5	8	6.7	0.2
马尔康县图书馆	1		1	1	102	2.2	10	2.4	0.5
阿坝县图书馆	4	1		1	600	0.7		8.8	
理县图书馆	1			1	48	1.8	3	1.6	0.5
黑水县图书馆	1		1	1		3.6			
松潘县图书馆	2		2	2	290	2.6			
九寨沟县图书馆	1		1			0.95			
金川县图书馆	3		1		180	0.25		5.3	
凉山美姑县图书馆	3			3	500	1	60	20	1
盐源县图书馆	4		2	2		0.53			0.3
冕宁县图书馆	12		4	6	2000	2	85	17	
乐山马边县图书馆	8		1	2	200	0.2	40		
峨边县图书馆	2			2	350	0.8			0.2
金河区图书馆	1				20	0.6	6		

此外，凉山州的木里、金阳、布拖、喜德、越西、甘洛六县亦在非独立建制图书馆之列，但各类数据不详。此类两馆或三馆合一之图书馆38所，占民族地区

（包括享受民族地区待遇县区）的67.86%。笔者亲临部分两馆或三馆合一的县城，如泸定县图书馆、丹巴县图书馆、红原县图书馆、盐源县图书馆等，对外开放和提供服务情况比较乐观，这类图书馆据估计大约有50%。而另外50%的地方，我们也做了实地考察，实际上几乎没有图书馆服务提供，图书馆有名无实，没有藏书，没有阅览室，或者有一点数量不多的图书堆放在储物室内，无人管理，无人提供服务，没有有效的利用。

上述泸定县也很特别，时而计划单列，时而合为一馆，因设一个馆长或设两个馆长而异。如果设一个馆长，即图书馆、文化馆两馆合为一馆；如果分设两个馆长，则图书馆、文化馆分开设置。

全川181个县级行政区域，据2006年统计，建立县级图书馆116个，尚有65个县（或县级市、区）没有设立计划单列图书馆。少数民族县级行政区域和享受少数民族地区待遇县区一共56个，未单列建立图书馆的地方41个，占73.21%，大大高于全省平均数的35.91%。由于地处边远，交通不便，群众文化程度不高，缺少阅读需求，同时受地方财政困难的限制，至少在一部分两馆或三馆合一的地方和没有设立县图书馆的地方，公共图书馆和图书馆服务基本处于缺位状态。

（三）补充形式的公共图书馆

本身不是公共文化体制内的图书馆，但广泛收藏图书文献、提供公共服务的图书馆在民族地区并不多见，本次调查中发现由阿坝州藏文翻译局设立的藏文图书馆和位于阿坝若尔盖的达扎寺兴办的达扎书院图书馆，可以归入此种类型。阿坝州本身有州图书馆，州编译局又设立藏文图书馆，从开放改革后即广为搜集文献，馆藏很有特色，所收唐卡和藏文经典，达十万之数，但其主要职能是为州内编译人员提供利用，兼做一点公共服务。达扎书院图书馆是由寺庙兴办的，从 2002 开馆即致力于面向公众开放，似更具公共图书馆特点。此外，甘孜有康定民族师专图书馆，藏书 55 万册，凉山有西昌学院图书馆，藏书 140 万册，虽然都不广泛提供公共服务，但对一个地区的文化肯定会有一定程度的影响作用。

达扎寺藏文化图书馆：若尔盖达扎吉祥善法寺院的六世活佛修持高，慎思明辩，通达显密诸多经典；七世活佛则在北京接受过佛学训练和现代教育。达扎书院图书馆的建立充分体现了他们与世俱进的现代意识，致力于为人民群众的文化服务。六世活佛和七世活佛拿出他们的积蓄，寻求僧俗各界支持，修建书院图书馆，购置经典，也有不少书籍是接受赠送得来的。

达扎书院建在进达扎寺院内左侧的显著位置。藏式建筑的装饰性屋檐下，悬挂了汉藏文字的“达扎书院”横匾，左右各一匾题写了“求知明慧”和“开智富才”。门廊内有国家图书馆名誉馆长任继愈先生的亲笔墨宝：“达扎吉祥善法寺藏文化图书馆”。事实上，该图书馆收藏和提供利用的范围，涵盖了广泛的汉藏文化典籍。

图书馆包括藏书厅、阅览室、学术报告厅等，藏书厅馆藏了十多万册藏文书籍、汉文书籍和珍贵佛教典籍。藏文书籍收集了多年来以藏文字书写印制的有关宗教、医药、声明、工巧、天文、历算、传记等数万册图书；汉文书籍收集了以汉文字书写印制的有关中外文学、历史、哲学、美术、摄影、科技、风物、游记、学术、宗教等著作数万册；我们还发现一些汉语和藏文的文革资料。佛教经典最为珍贵的书籍有：藏文或梵文金汁手写的《贤劫经》《解脱经》《金刚经》《般若八千经》等；银汁手写的《大般若经》全套十六函、《般若八千诵》等；白海螺汁手写的《大般若经》十二函、《莲花生经》《吉祥经》等各类经书十多函和贝壳粉手写的《嘛呢遗教》等。汉文书写的有《藏要》等古代线装佛典。阅览室能容纳近百人阅读，学术报告厅配置电脑、投影仪等现代化教学手段，供专家学者举办学术讲座、开展学术研究。

书院和阅览室接待本地各类读者和旅游者查阅资料和阅读书刊，任何人都可以无偿地进馆读书。这所图书馆的宗旨是试图办成本地各族群众读书学习，专家授业施教，游客们了解藏文化脉络和藏区民俗风情的文化信息场所。

四川民族地区52个县中，有正式独立建制的县图书馆和两馆或三馆合一的县图书馆，没有一所收藏藏汉文献品种这么丰富，系统性这么强，质量这么高。更难能可贵的是寺庙僧侣与世俱进的敏锐的革新精神，把收藏文献和提供公共服务结合得这么好。我们正在努力，试图通过地方党政和文化主管部门和省、州、县宗教部门的领导和支持，将此寺院图书馆纳入公共图书馆系统。这是一项政策性极强的工作，需要以非常慎重的态度去做，但如果能够获取成功的话，若尔盖人民乃至更广泛的范围，将获益匪浅。若尔盖县仅八万人口，两馆合一的图书馆基本没有运行，而这座馆藏十余万册（件）的图书馆能够提供服务人民群众，则服务水平会直追发达地区，甚至超过发达地区，成为一种扩大公共图书馆服务体系的尝试。

三、民族地区公共图书馆业务建设

公共图书馆的业务建设涉及面广泛，也有一些专深的领域，要而言之，主要包括：文献资源建设、书目检索系统建设、图书馆员素质提高和读者服务质量的提高及服务领域的拓展。

（一）文献资源建设与图书馆服务

三州图书馆通过较长时间的努力，已经建成较具地方特色和民族特色的藏书体系。三所州图书馆，藏书分别在接近 10 万册（件）和 10 万册件以上，甘孜州图书馆甚至达到 33 万册（件）以上。三所州图书馆，尤其是甘孜州馆，收藏图书文献资源，包括汉语文字书刊、民国版图书和古籍，以及民族语言图书文献；其他两所州图书馆对于民族文字书刊收藏，也有一定特色和规模，但还应进一步加大投入，增大品种和数量，形成特色文献体系。

各民族县图书馆，包括计划单列和两馆或三馆合一的图书馆，一共 56 所，其中藏书 10 万册（件）的图书馆 1 所；4 至 8 万册（件）的图书馆 7 所；1 万至 3.99 万册（件）的图书馆 27 所；9900 册（件）藏书以下的 15 所（最少的只有 1000 册）；没有统计数的图书馆 6 所。大多数图书馆的藏书在一两万册或者一万册以下。

就三州范围来讲，州、县两级图书馆藏书，甘孜州共 59.84 万册；阿坝州 34.11 万册；凉山州 50.83 万册（如果把没有统计数字的 6 个县图书馆按每馆 1 万册计，总数估计在 56.83 万册）。如果分别按三州人口数计算广义的公共图书馆藏书保障率：甘孜州 92 万人口，人均 0.65 册图书（高于全省公共图书馆藏书覆盖率 0.2 册/人）；阿坝州 84.81 万人口，人均 0.4 册图书（高于全省公共图书馆藏书覆盖率 0.2 册/人）；凉山州 435.63 万人口，人均约 0.13 册图书（低于全省公共图书馆藏书覆盖率 0.2 册/人）。四川民族地区地广人稀，故三州中甘孜、阿坝的图书馆虽多为两馆、三馆合一的，但广义的藏书保障率反而高于一般人口居住密集的地区。当然，现有条件下，由于地域辽阔，许多农牧民根本不可能问津图书馆，获得图书馆服务，此点上民族地区图书馆则更弱于全省公共图书馆。

四川少数民族地区公共图书馆缺少数字化文献资源，囿于经费和设备不足、图书馆员专业培训不足和读者阅读需要不充分，基本没有购置各类文献数据库。对于省图书馆和国家图书馆提供的虚拟资源也极少用于读者服务。图书馆服务方式基本上以传统方式为主，每天开馆 8 至 9 小时。读者到馆率是比较高的，例如：甘孜州图书馆年接待读者万余人次，能达到州府康定人口 11 万人的十分之 ，阿坝州图书馆年接待读者约 3 万人次，几乎是州府马尔康人口的百分之五十多；但所办借书证并不多，年持证者 2000—3000 人，即使加上仅仅来馆在馆内阅览室阅读的读者，读者仍然只集中在少数人。

在采用多种方式提供服务方面，除三州州图书馆和阿坝纹川、甘孜康定、丹巴、乐山马边、凉山美姑等少数县图书馆在借阅图书之外，还开展咨询服务、预约借书、代查、复印、送书上门等服务外，绝大部分县图书馆都没有开展这些业务。此外，各有条件的图书馆结合中心任务开展活动若干是基本相同的，如办书展、送书下乡、建基层服务点、办讲座等。

提供电子阅览室上网服务的图书馆有6所：甘孜州图书馆、阿坝州图书馆、凉山州图书馆、阿坝茂县图书馆、金川县图书馆，凉山普格县图书馆。其中以茂县图书馆电子阅览室管理最为规范，合乎图书馆电子阅览室的要求，设有专门的少儿阅读区和共享工程查阅区，并分别制作了专门网页，对少年儿童上网有专门的时间要求。

统计中，有两所县图书馆，有租售书业务。

（二）藏书整序、检索与自动化

针对图书馆建立的文献资源，赋予它们检索的功能，让读者能全面、准确、迅速地查用文献信息，是图书馆业务建设的另一重要方面。据实地考察和调查统计，三所州图书馆均采用《中国图书馆图书分类法》（简称《中图法》）分类，并编制了作为公务目录和读者目录使用的分类目录和书名目录；采用《中图法》分类的县图书馆不足30%，因此编制了图书馆卡片目录的也只有这不足30%的图书馆；其他70%以上的县图书馆图书没有分类，更没有编制目录。各州图书馆的特藏文献也有一些待分类编目的，如民族文字文献和古、旧文献。

从三所州图书馆到所有的县（市、区）图书馆，没有一所实现了真正意义上自动化管理。仅只甘孜州图书馆正在开始利用省图书馆赠送的 DILYS 系统做编目数据，为建自动化系统打基础。三所州图书馆和极少的县图书馆购置了一点自动化设备，如电脑、复印机、数码相机和投影仪。州县一共有 6 所图书馆开设了电子阅览室。

甘孜州图书馆组织编制过甘孜地方文献目录。

（三）图书馆员素质与提高

四川民族地区图书馆工作人员知识结构和职称结构不容乐观。

三所州图书馆共有人员 74 人，其中有大专以上学历者 50 人；有副研究馆员高级职称者 3 人；有馆员中级职称者 33 人。图书馆学专业毕业本科生或专科生，阿坝州仅州图书馆有 1 名，凉山州仅州图书馆有 3 名，甘孜州图书馆无。

56 所民族地区县图书馆，共有工作人员 191 人，其中有大专以上学历者 97 人，有高级职称者 3 人，有中级职称者 48 人，图书馆专业毕业者仅西昌市图书馆有 5 人。

所有以上州、县图书馆，共有工作人员 265 人，有 118 人属高中及以下学历，178 人属初级职称或无职称。

图书馆是一个集文献和知识管理及服务的机构，具有很强的专业性，由于图书馆工作人员文化程度低，专业素质不高，严重影响到图书馆对业务技能和信息知识体系的掌握，从而影响到业务工作和图书馆服务正常而有效地开展。例如：国家图书馆和省图书馆向基层公共图书馆提供了大量的虚拟的网络文献数据库资源，这些图书馆却基本没有加以利用，未将其提供给读者使用，原因之一即因为图书馆员缺少电脑网络知识和文献学知识，缺少利用电子文献资源提供图书馆服务的能力。

解决民族地区图书馆员的结构问题，首先应从进人入口处把关，尽快建立任职资格应试制度，图书馆员任职必须通过公开招聘，并通过专业资格审查和考试；其次，对于现有图书馆馆员队伍，要通过反复的培训进行改造、提高。政府应将图书馆员培训纳入财政预算，拨给资金，制订计划，有针对性地开展各种类型的培训，包括学历培训和短期技能培训。

四、学术团体与业务辅导、协作和研究

三所州图书馆，自建成开馆均担负了对县图书馆及其他基层图书馆的业务指导、辅导工作，州图书馆

或者专门设立了研究辅导部，或者设有专人负责基层图书馆辅导工作。始自 20 世纪 80 年代初期，各类业务培训班就不定期地举办。省图书馆举办的各类培训班，也通过州图书馆组织基层图书馆参加。全国或全省的一些有关民族地区基层图书馆的调研活动，也通过州馆进行。

阿坝、凉山二州成立图书馆学会较早：阿坝州图书馆学会成立于 1991 年 9 月；凉山州图书馆学会成立于 1991 年 12 月。甘孜州图书馆学会晚于前两州，成立于 2005 年 11 月。民族地区州图书馆学会的成立，增强了州图书馆和各县图书馆之间的联系，也增强了本州内各个系统图书馆之间的联系，对于促进业务交流、业务培训、业务协作、资源共享、共同改进图书馆服务奠定了更好的基础。州图书馆学会的成立，同时在省图书馆和省图书馆学会与基层图书馆之间，在上级文化主管部门与基层图书馆之间，起到了上传下达的桥梁作用，最近几年文化部、财政部的送书下乡活动，以及文化信息资源共享工程县一级基层分中心的设立，设置乡镇基层服务站点的调查工作，都很大程度地利用了州图书馆的这种作用。此外，四川省图书馆学会设有民族图书馆专委会，以三州图书馆学会为骨干，每年也曾开展一些学术交流活动，增进了民族地区之间的经验交流、学术研讨和业务合作。

五、发展潜力和存在问题

四川省民族地区图书馆，起步较晚，但自20世纪80年代改革开放以来，逐步发展壮大，并于目前形成规模和体系。这是应该充分给予肯定的。然而民族地区图书馆发展具有相当大的优势，原因在于：①当前适逢中国经济处于历史发展最好时机，民族地区的国民经济产值和人均GDP都在随同快速增长，政府对图书馆的投资在逐步加大，图书馆的数量和质量在缓慢地向着有利的方向发生变化。②民族地区建设公共图书馆，人口数量不大，如果真正实现县县建立图书馆，而且图书馆建设质量好的话，图书馆服务的人群压力比人居密集的地方小得多，可能后发先至，提高发展速度。如阿坝州和甘孜州，一个县往往少至四五万人，多至十数万人不等，一所县图书馆建成后仅服务几万到十几万人之数，直追东部地区甚至发达国家水平，同时图书馆藏书保障率也很容易提高。③民族地区土地面积大，征地费用低，较之内地建设图书馆成本较低。

民族地区的不利条件是：①经济欠发达，图书馆建设起点低，发展图书馆事业需要一个过程，需要随国民经济发展的进度，逐步提高图书馆发展的速度，以及普及图书馆服务；②经济特征以农牧为主，社会转型发展缓慢，地广人稀，给现有的图书馆开展服务工作带来较大困难。

综合上述，各级党政要进一步对构建公共文化服务体系以及公共图书馆重要地位有充分的认识，从落实科学发展观、发展先进文化的高度把公共图书馆建设列入议事日程，以公共图书馆作为民族地区人民的终身学校，融汇不同民族的文化，促进主流文化交流。具体而言，民族地区图书馆还存在一些问题亟待解决：①现在民族地区的非独立建制图书馆太多，应把较多的非独立建制的图书馆办成独立建制的图书馆，加大对独立建制公共图书馆的投入。没有独立建制的图书馆，条件成熟时应尽量形成独立建制，以有利于图书馆服务的健康发展，让民族地区人民充分享受图书馆服务，享受改革的成果。②政府对公共图书馆（尤其是县图书馆）的购书、业务、培训等经费，应高度重视，每年按行业要求给予保障。③各图书馆自身的建设，应专业化、规范化、标准化、现代化。首先，要对每一所图书馆有专业要求，例如规定图书分类法的使用、目录体系设置、服务方式等等；在此基础上接受规范和行业标准的要求，逐步推行自动化和现代化管理。④开始重视图书馆员进入制度，配合人事制度改革和文化体制改革，规定图书馆员学历要求和任职资格，对现有职工队伍加大培训力度。

第七章　“共享工程”与四川公共图书馆的全面、协调及可持续发展

对四川省公共图书馆作调查研究，不涉及“共享工程”，一定是不全面的，在当前也是不合时宜的。“共享工程”的兴起，虽然只有几年时间，但其发展势头方兴未艾，正在蓬勃展开，而无论其理念和做法，均同现代公共图书馆有着很深的渊源。四川作为共享工程的试点省份，公共图书馆建设最近几年从中获益良多，也有一些心得。此项工程由于始建时间不长，工作记录和业务档案保存完好，调研中，仅只对部分数据做了电话询问及核实，并有一些实地考察。

一、科学发展观的要求

当前，科学发展观思想深入人心，党的十七大号召全党深入贯彻落实科学发展观。科学发展观“是同马克思列宁主义、毛泽东思想、邓小平理论和‘三个代表’重要思想既一脉相承又与时俱进的科学理论，是我国经济社会发展的重要指导方针，是发展中国特

色社会主义必须坚持和贯彻的重大战略思想。”① 能否遵循科学发展观指明的规律，寻求社会的进步与发展，以达到在中国全面实现小康社会，关乎改革开放的成败与否。根据科学发展观的要求，则公共图书馆事业在发展之中，应以人为本，突出公益性服务，在社会转型的过程中，形成公共图书馆整体发展的路径，推进公共图书馆服务体系建设，以获取公共图书馆的全面的、协调的和可持续的发展。

公共图书馆在中国历经的百年历程中，由于中国在寻求现代化的道路上，处于迟缓的变化之中，即使共和国成立后，经济发展仍处于探索的、缓慢的进步之中，较长一段时间经济实力不支持公共图书馆快速发展，无论是在数量上，还是在现代化建设方面。而开放改革后，计划经济向社会主义市场经济转型时期，虽然随着国民经济产值的提高和国家财政的增长，公共图书馆的数量有所增加，但有一段时间，在商品大潮的冲击下，倡行公益服务的公共图书馆既无足够的经费保持公益服务的纯洁性，又无法屈从于市场经济的规律而获取求发展的条件，处于进退维谷的尴尬境地，甚至凸现被边缘化的迹象。因此，当经济形势好转，形成快速发展趋势，国民经济高速发展可能对公

---

① 胡锦涛：中共十七大报告。

共图书馆的发展给予支持时，公共图书馆人应该反思，如何获得全面的、协调的和可持续的发展，这是非常重要的。目前，四川省公共图书馆事业，至少在整体发展和协调发展方面是有缺陷的，要认识这种缺陷，才可能尽力改变现状，获得全面的可持续的发展。

公共图书馆的科学发展，要求的不仅是图书馆的某一局部、某一方面的发展，不是个别图书馆的“一花独秀”，而是图书馆事业的整体发展。四川目前的整体发展，涉及县以上的公共图书馆，已经具备一定规模，虽然这种规模还需要扩展，但终究经过多年的努力，已经纳入现行体制，而最大的问题在于县以下基层，如社区、乡镇，基本上没有设立公共图书馆。事实上，各级党政从意识形态和丰富人民群众文化生活的角度考虑，以前的街道、乡镇是屡屡建立了图书馆（室）的，可由于缺少可持续维持的机制，也因领导人的变更和重视文化事业程度不同，这些基层的图书馆（室）总是屡建屡散，屡散而又屡建，终未获得制度保证和长效机制。

公共图书馆的全面、协调、可持续发展，涉及面相当广泛，包括公共图书馆的数量、分布、业务建设、资源建设和面向全体人民的服务。其中，数量和分布是目前公共图书馆建设的重中之重。没有建立最基层的公共图书馆服务体系，当一个县以上的公共图书馆平均要负担60余万以上人口的服务时，[①] 一切现代公共图书馆的理想和服务理念，都是不可能很好贯彻和实现的。公共图书馆一定要不分规模大小，无论东西南北，无论城市乡村，有条件时都应广泛设立——不仅是现行体制中的市、县以上图书馆，还包括社区、乡镇等基层公共图书馆；不仅设立各级图书馆，还应将其制度化。这样做，为民众的广泛的阅读需求和信息需求服务，才可能成为现实。某一所或几所图书馆，无论规模多大，服务多好，影响力总是有限的，数量密布的图书馆，才可能使得所有公民获得公平的阅读和信息资源。北京大学李国新教授提出社区、乡镇图书馆要做到“星罗棋布”，[②] 选择了一个很好的词汇，是一个很好的意见。只有如此广泛地设立较多的基层公共图书馆，才可能充分地满足最广大人民群众阅读和对信息的需求。

公共图书馆为公众服务的性质，是以文献知识扩散和信息传播为特征的，这一性质要求公共图书馆做好协作协调工作，要求文献资源共同建设，也要求提供图书馆服务文献资源的共享。然而，要而言之，图书馆的数量和群体，是做好协作协调工作的基础，是

---

① 四川省的现状即如此。

② 引自李国新教授在2007年中图学会社区、乡镇图书馆专委会和全国中小型图书馆联合会合办的年会上的演讲报告。

图书馆广泛提供服务的基础。此外，公共图书馆需要以群体的力量，来扩大社会影响，引起社会各界的关注。一所或几所图书馆，究其影响所限，有可能被忽略或被“边缘化”，而很多图书馆的合力形成的公共文化服务体系中的知识和信息提供服务体系，影响着全体人民的素质和社会发展的性质，这一种力量，是社会主流文化的力量，是任何人都不容忽视的，也绝无可能被边缘化的。

对于巩固和发展现存的公共图书馆体系，迅速发展基层公共图书馆数量，争取公共图书馆整体协调发展和可持续发展来讲，全国文化信息资源共享工程的出现，即是巨大的动力，又是最好的契机。

二、共享工程在四川的实施

全国文化信息资源共享工程，简称“共享工程”，是一项繁荣社会主义先进文化的创新工程，它采用现代信息技术，对中华优秀文化信息资源进行数字化加工整合，利用覆盖全国城乡的网络化管理和服务体系，实现全国范围文化信息资源的共建共享和服务。“共享工程”在党中央、国务院的高度重视和支持下，由文化部、财政部组织实施，从 2002 年开始建设，几年来，取得较大成效。四川是全国文化信息资源共享工程第一批试点省份，四川省的“文化信息资源共享工程”依托省内公共文化服务体系，尤其是公共图书馆网络，在文化信息资源共建共享和拓展基层文化信息服务方面，顺利推进。

（一）各级财力投入

包括中央财政和地方财政的投入，地方财政又包括省、市（州）、县各级财政的投入。

2002 年至 2007 年，四川作为首批全国文化信息资源共享工程试点省份，得到了文化部全国文化信息资源建设管理中心）的大力支持。在四川省共享工程分中心建设、全省共享网络搭建、资源征集、站点建设等方面，中央财政均提供了较多的人财物力的支持。

表 7－1 中央财政支持四川“共享工程”一览表

年度	支持设备、资源基本情况
2002 年	基层服务点设备 5 套，中央财政资金补助 30 万元
2003 年	文化信息资源约 500GB
2004 年	基层服务点设备 15 套，文化信息资源约 200GB
2005 年	基层服务点设备 30 套，文化信息资源约 200GB
2006 年	基层服务点设备 40 套，文化信息资源约 600GB
2007 年	中央财政资金补助 768 万元，用以建设市县支中心设施设备 4 套及四川特色数据库 5 个。

上表中，一套设备的内容有：一台服务器、一套卫星接收设备、一台投影仪及其附属设施（约合人民币 5 万元）。①

① 此表内容由全国文化信息资源共享工程四川省分中心提供。

2002 年以来，四川省地方财政对“共享工程”逐年拨给专项经费，一共投入 655 万元，已全部投入工程技术平台、资源内容、基层服务网点、文化服务与培训、省中心建设等方面，保证了四川省文化信息资源共享工程建设稳步顺利推进。

同期，地方财政协调落实各市州（含省会城市成都）配套“共享工程”建设运行保障经费 283.5 万，包括 10 个大中城市（占市州总数约 47.6%），其中：成都市 150 万、阿坝州 15 万、达州市 1.5 万、绵阳市 20 万、乐山市 14 万、泸州市 15 万、内江市 15 万、南充市 10 万、攀枝花市 38 万、自贡市 5 万（以上各地共享工程专项经费，除成都市自 2003 年以后，逐年拨给专项经费，累计达到 150 万元外，其他各市（州）均为近两年才开始拨给此款项）。这些经费对共享工程在各地的启动和推广方面起到了积极作用。

（二）组织建设

组织机构的建设是建好“共享工程”的根本，自 2002 年确定四川为共享工程试点省份以后，全国文化信息资源共享工程四川省分中心即设于四川省图书馆，并以各级公共图书馆形成的网络为依托，设立市、县支中心和基层服务站点。

四川省除省本级以外，有 1 个副省级省会城市，17 个地级市，3 个自治州，181 个县（市、区），4544

个乡镇，239 个街道办事处，而属于基层群众自治的组织，社区居民委员会有 4822 个，村民委员会 50 182 个。2002 年以来，为实现“共享工程”对四川省本级和所有市（州）的覆盖，抓好试点工作，确保“共享工程”在四川按计划、分步骤、稳步顺利地推进，以及“共享工程五个进入”的要求，逐年设立分、支中心，并设立基层服务站点。迄今为止，全省完成各级分支中心、服务站点建设 403 个，其中：省分中心 1 个，市级分中心 22 个，县级分中心 128 个，政府机关分中心 4 个，部队分中心 5 个；乡镇服务站 127 个，社区服务站 59 个；街道服务点 3 个，村服务点 50 个，学校服务点 4 个。[①]

（三）与公共图书馆的互为依存

“共享工程”名为图书馆、博物馆、文化馆、科研机构、学校等各类机构单位的普遍合作，实际合作的是文化信息资源部分，而“共享工程”实际执行的主体，则是各级公共图书馆，可以说，在推进共享工程的进度中，公共图书馆的努力起了至关重要的作用。

在四川，“共享工程”得到了省委、省府和各级党政的高度重视，得到了各相关部门如教育、科技、广电、新闻出版、电信等部门的领导和支持，而在文

① 统计数字由全国文化信息资源共享工程四川省分中心提供。

化主管部门和省财政的直接领导下，得以稳步推进，这是应该充分肯定的，然公共图书馆的依托作用，亦功不可没。公共图书馆对县以上分、支中心的设立，对基层服务站点的技术支持，对文献信息资源的共建共享，作用昭著。

不仅如此，2006年在共享工程四川省分中心和四川省图书馆的主持下，全省有10余个市和80多个县支中心和图书馆参与，利用和移动公司合作的条件，由移动公司出资购买投影仪等设备，在全省农村公益性放映电影2800余场次，并以此获取设备，建立共享工程县以下支中心和服务站点87个。这一做法，既依靠自身的力量大面积地设立了共享工程服务站点，又极大地扩大了共享工程的影响作用，突出地体现了公共图书馆体系在推广“共享工程”中的积极作用。

三、“共享工程”的影响力

然而，重要的是“共享工程”对公共图书馆的影响力，在公共图书馆缓慢推进的途径中，“共享工程”吹来一阵强劲东风。

（一）“文化信息资源共享”的思路，源于图书馆文献资源共建共享的理念。

公共图书馆的宗旨，是充分利用馆藏书刊文献及各类知识载体，为广大公民和读者提供最有效的服务，这种服务包括书刊阅读和知识、信息的传播。每一所图书馆，都以自身的馆藏资源和科学的检索系统，来完成服务读者的任务，早在百年之前，传统的图书馆学家就提出图书馆协作和合作的理念，来加强和扩大服务，这即是以后图书馆文献资源共享思想的来源。文献资源共享的思想，则欲通过检索系统的标准化和辅助手段，使得各个图书馆有限的馆藏资源无限地扩张，能够服务更多的人群，满足更多人的不同的知识追求。这在图书馆手工作业时代，通过目录学和馆际互借的方法，能够很好地实现。20 世纪后期崛起的计算机技术、数字化技术、互联网技术和多媒体技术，在技术上带来新的信息革命，使文献资源共享的理想和传统图书馆传播知识、信息的理想得以真正的实现。全国文化信息资源共享工程，目的在于“繁荣社会主义先进文化”，“对中华优秀文化信息资源进行数字化加工整合，利用覆盖全国城乡的网络化管理和服务体系，实现全国范围文化信息资源的共建共享和服务”。然究其根源，则源自现代图书馆的文献信息资源共享的思想和理念，这十分有利于“共享工程”与公共图书馆齐头并进，共谋发展。站在推广公共图书馆服务的角度，更应该充分利用“共享工程”的资源（硬件的、文献信息的和服务平台），促进公共图书馆体系建设更上一层楼。

（二）“共享工程”的实施，因公共图书馆而获得执行主体，同时，为公共图书馆全面、协调、可持续发展带来助力和契机。

正因为“共享工程”与图书馆有着深厚的渊源，所以在“共享工程”全面推进和工作铺开的过程中，公共图书馆很自然地成为“共享工程”的执行主体。对“共享工程”的推广普及而言，以公共图书馆为依托，同样的工作对象，同样的作业方法，同样的工作模式和服务方式，轻车熟路，降低了运行成本，加快了推进的速度。而对公共图书馆来讲，则是一次获得跨越式发展的不可多得的契机。

首先，“共享工程”为最基层的公共图书馆的普及和发展带来机会。近几年中国图书馆社区乡镇图书馆专业委员会，以及中国中小型图书馆联合会活动频繁，具有广泛的号召力和吸引力，每年都有年会研讨与社区、乡镇等基层公共图书馆相关的专题。提供了若干发达地区可资借鉴的经验。东部地区和中部发展较好地区，乡镇图书馆已经快速的盟生并逐步成长起来。

四川和其他西部省区一样，社区、乡镇图书馆，则尚在酝酿、萌生阶段。从历史来看，四川省一部分街道和多数农村乡镇文化站曾多次设立图书室，但由于历届地方领导者的意识不同，也因为缺少资金和书源，缺少专人管理，缺少培训，缺少宣传和需求，尤其是缺少基层图书馆持续存在的机制，反反复复，时办时辍，现在多数名存实亡。如今经济发展了，社会进步了，尤其农村持续了2600多年的农业税都减免了，中国社会在全面奔小康，最基层的城市社区图书馆和农村乡镇图书馆，无疑应该逐步建立起来、巩固下去。“共享工程”设立乡镇或村服务站点，由中央政府和地方政府给予财政资金的支持，由各级支中心给予业务和技术指导，在经费、设备、管理和服务上都引入新的机制，应该是一个良好的开端。此外，中央《关于进一步加强农村乡镇文化站建设》文件精神，明确指示在乡镇文化站设立图书馆（室），也是一个强大的助力。现在关键的问题是社区、乡镇自身要有可持续发展的保障措施。这一点比较难，要由地方党政来落实，一定要按照对农村文化工作的要求，真正做到五纳入，即：纳入各级人民政府国民经济和社会发展计划、纳入总体规划、纳入各级财政预算、纳入体制改革、纳入领导任期目标责任制，乡镇、社区图书馆建设制度化则可有良好的预期。

其次，为县以上公共图书馆提供了自动化、标准化、规范化、现代化建设的平台，带来跨越式发展的机遇。这可以区分为不同的层面。对于省图书馆来讲“共享工程”不仅促进了省图书馆自身的业务建设和数字化建设，同时加强了省图书馆对全省公共图书馆服务和业务工作的组织、协调以及文献资源整合的功能。对于市（州）、县图书馆来讲，（尤其是对于老、边、少地区的市（州）、县级公共图书馆）意义特别重大。四川省市（州）县级图书馆，除极少数外，多数停留在传统办馆模式阶段，有的甚至连传统办馆应具备的要求都达不到，无论从经费、设备、技术、理念和管理上看，距离现代化图书馆都有很大差距。由于“共享工程”的普及推广，是以各级图书馆为依托进行网络组织和展开工作，“共享工程”市、县级支中心均在市（州）县级图书馆设立，然后才向社区、乡镇铺开建服务站点，所以无论从经费、设备、技术、理念和管理上看，都给市（州）县两级图书馆带来机遇，市（州）县图书馆如能抓住机遇，把图书馆业务同“共享工程”业务加以统筹安排，把两者的服务结合起来，势必相得益彰，互为促进，对图书馆的办馆质量和服务质量是一个极大的提升。

具体而言，“共享工程”带来的“经费、设备、技术、理念和管理”等因素，有助于公共图书馆改变状态，加快从传统形态向现代化形态的过渡。由于图书馆和“共享工程”的工作对象和工作性质相同，经费和设备的投入，可加速图书馆建设自动化的步伐。而无论是图书馆还是“共享工程”，整合文献信息资源，实现共享的理念和技术，必然要求规范化和标准化。图书馆自动化、规范化和标准化的实现，即意味着图书馆现代化的实现。换言之，如果没有“共享工程”的推出，公共图书馆现代化的发展速度将会大打折扣，延缓较长时间，“共享工程”使得公共图书馆实现跨越式发展成为可能。

再次，“共享工程”的实施，与数字图书馆建设相结合，既有利于两者文化信息资源互补，也有利于相互之间在硬件设备上的资源共享，节省了开支，扩大了服务领域和相互的影响。

第四，可以说“共享工程”的实施，是对图书馆专业队伍最好的培训和练兵。当面临社会和技术的转型期之时，公共图书馆传统的方法技术也面临转型，要求有新的发展。由于四川处于西部欠发达地区，公共图书馆职工队伍的学历结构和专业技术职务结构，均处于较为低级的状态，亟须培训提高来改变现状。文化部规定图书馆员每年每人参加培训 80 课时，大致是符合实际需求的。然而，培训需要经费和条件。全省公共图书馆馆员每培训一人次（以 3—5 天即 24—40 课时为一人次），平均一人次约需要 1000 元左右的培训费（含交通、食宿和听课费等），一般公共图书馆是很难支付这一费用的，尤其是边远贫穷地区的县图书馆。即或参加了培训，由于回到本图书馆，仍然没有实习的条件，没有自动化设备，没有数字化资源，业务能力很难有所提高。“共享工程”解决了这两方面的问题，使图书馆员有实际的需求，有工作实习条件，同时也有经费参加培训，提高业务能力。

最后，党的十七大报告在阐述有关文化发展、繁荣一章中，呼吁文化工作要围绕“建设社会主义核心价值体系，增强社会主义意识形态的吸引力和凝聚力”来开展。“共享工程”很好地结合了社会转型和技术转型的需求、结合了社会主义意识形态的需求和公共文献信息服务的需求，有利于公共图书馆服务体系的构建和公共文化服务体系的构建，因此受到党中央、国务院的高度重视，纳入了国家重大工程项目，有公共财政的投入。理论上各级财政都有投入，尤其是中央财政有巨额的引导资金投入，在经费使用上有保障。中国依然是发展中的国家，我们的社会还在奔向全面小康的社会，与发达国家相比还有很大差距，在认识上，同样的文献信息公共服务，由公共图书馆做就不如由“共享工程”会得到普遍的接受。

综合上述，“共享工程”拓宽了公共图书馆的前进道路，公共图书馆事业如果运用好“共享工程”的资源和影响力，巩固省、市（州）、县图书馆建设，把发展基层服务站点和建立基层公共图书馆（室）结合起来，在构建“共享工程”服务网络中努力构建公共图书馆服务体系，就会在图书馆数量上、在服务人群和服务质量上获得发展，公共图书馆就会在现有基础上获得全面的、协调的和可持续发展。

当然，我们必须清醒地认识到，上述“共享工程”的影响力的发挥是一个较为长期的过程，某些方面还停留在理论的层面，理论和现实往往还存在着较大差距，需要不断努力去缩小这种差距。例如，根据《中共中央办公厅国务院办公厅转发〈文化部财政部关于进一步加强全国文化信息资源共享工程建设的意见〉》和《全国文化信息资源共享工程“十一五”规划发展纲要》等文件精神，要求中央引导资金到位需要地方给出配套资金，这一点实行起来就存在一定难度。一些地方，不是没有资金，是认识不到位不愿意出；或者承诺出，而当中央资金到位后，仍然不出。甚至执行过程当中，由于中央资金是购买设备发放，一些地方的个别干部，因无现金运作而并不努力工作。各级党政、文化主管部门和公共图书馆均应进一步加大宣传力度，提高各级领导和相关人员的思想认识。加强宣传，积极引导，加强监督，科学管理，扭转此类不良现象，使“共享工程”朝着有利的方向发展。

公共图书馆在建设“共享工程”机构和网络中，要有清醒的认识和敏锐的目光，要有明确的目的，要抓住机遇，建设“共享工程”，促进图书馆发展，整合二者的业务需求和文献信息的公共服务，以此来扩大“共享工程”和公共图书馆二者的社会影响，引起全社会的普遍关注，以铺平发展的道路。

第八章　发展战略研究

一、两个转型期的挑战和机遇

过去一个多世纪，四川省公共图书馆历经世纪沧桑，经历了漫长而曲折的发展道路。时至今日，虽然成就和问题并存，困难和机遇并存，但从无到有，从小到大，从数量少规模小积聚到一定数量和规模，形成一个以图书文献借阅和信息服务为核心，以社会教育为宗旨的服务群体，从不成熟到趋于成熟，逐渐稳步发展起来。宏观地看，在当前社会和技术两种转型发生巨大影响的形势下，公共图书馆建设需要顺应潮流，把握机遇，克服困难，争取更上一层楼。

（一）社会转型的影响

历史地看问题，有很多因素制约和影响着公共图书馆的发展，最重要的因素是社会的经济基础（包括社会生产力和经济发展水平），以及与之相适应的上层建筑（包括政治体制、文明程度和人们对文化生活的需求）。过去几千年，中国传统的农耕社会，尽管造就过封建王朝的鼎盛时期和文明的辉煌，但总而言之，社会生产力低下，生产总值和社会人均产值低下。

19 世纪，中国经过 40 年代的鸦片战争和 90 年代的甲午战争，均以东西方帝国主义的胜利和己方的失败而告终。因此，从 19 世纪末开始的对中国现代化的探索，乃至 1911 年辛亥革命后发生的长达数十年的革命，一直是中国寻求通往工业化和现代化道路的过程。一个漫长的时期是铺垫道路的时期，而发生于 20 世纪 70 年代末以后的改革开放，是在此基础上的加速发展，中国从农业社会向工业社会和后工业社会过渡，迄今已取得转型的初步成效。21 世纪初期，中国基本达到小康社会水平（人均GDP 1000美元），预计将于 2020 年全面实现小康社会（人均GDP 2000—3000 美元），于 2050 年达到中等发达国家水平（人均 GDP 4000—5000 美元以上）。

公共图书馆是西方现代工业社会、人文精神和民主制度的产物。要而言之：①公共图书馆的诞生伴随着需要普及知识的现代城市工业社会的产生（知识是建设城市工业社会的基础）；②同时也由于城市工业社会经济形态下的国家和地方政府，能够承担建设和经营图书馆的费用；③自西方文艺复兴之后兴起的人文主义，要求对人的关怀，“同情地专心致志地研究人类”，公共图书馆服务是城市业社会普遍实现人文关怀的机制之一；④民主政体要求国民平等获取知识的权利；⑤城市工业社会的不断进步，促进公共图书馆的发展。

欧洲自16世纪以来重视图书馆的发展。19世纪中叶英美公共图书馆法的颁布，为两国普遍地建立公共图书馆提供了依据，西方各发达国家先后仿效。20世纪，凡寻求现代化道路的国家，无论地域，均重视公共图书馆的设立。由英、美、中国等14国发起于1927年创立的国际图书馆协会与机构联合会（简称国际图联，英文名：International Federation of Library Associations and Institutions），是当今世界图书馆界最具权威、最有影响的非政府的专业性国际组织。据2006年8月在韩国首尔召开的第72届年会统计，有全世界150个国家各种类型图书馆的5000多名代表参会，这足以说明现代图书馆的影响力。而公共图书馆正是各种类型图书馆的骨干和主流。

西方发达国家以英美公共图书馆服务最有代表性。1999年美国投入图书馆的经费为年人均21.99美元，年人均到图书馆7次。英国平均每3—4万人拥有一所图书馆。其他发达国家如法国、德国、澳大利亚等，皆与此相若。即使亚洲强国日本也不例外，数万人即分享一所图书馆。国际图联2006年年会在韩国召开，韩国人口、地域和经济皆稍弱于以上各国，人口48 294 000(2005年)，国土面积99392平方公里，总GDP10 053亿美元，人均GDP20 935美元（2004年），而韩国的公共图书馆有 487 所，约近 10 万人一所；此外，韩国各种类型图书馆的总数是一万余所，如果以各类图书馆计，则平均每 4000—5000 人即拥有一所图书馆。

中国的社会转型首先在沿海地区、省会城市和大中城市快速推进，这些范围的公共图书馆相应发展较好。不仅如此，沿海地区和经济发达地区甚至基本达到县县有图书馆，并且图书馆服务质量有较好的体现，在此基础上，社区图书馆和乡镇图书馆作为最基层、为群众服务最直接的公共图书馆异军突起，走势良好。仅以深圳为例，除于 2006 年完成耗资十多亿人民币建成的市图书馆，全市 700 多万人口（外来人口占 500 多万），共建有公共图书馆 500 余所，每个市民出门差不多 10 分钟就可到达其中的一所，几乎达到发达国家水准。

西部地区较大幅度地落后于沿海地区和经济发达地区。四川省和其他西部省区一样，虽然地级市以上公共图书馆建设（无论在数量、经费还是服务质量方面）已经比十年前上了一个台阶，但尚未达到县县有图书馆，181 个县区尚有 30% 以上的县区尚未设立独立建制的公共图书馆，更谈不上社区和乡镇图书馆的设立和发展。普遍的图书馆服务质量，由于受到公共图书馆覆盖人口过少概率的限制，也难以和发达地区比拟。

但是，由于西部地区的社会转型和东部地区一样势在必行，最终需要和国际接轨走现代化的道路，四川公共图书馆应该比照东部地区公共图书馆的发展和中等以上发达国家公共图书馆的发展，确立四川省公共图书馆的战略目标，制订适合省情的公共图书馆发展战略。把握机遇，少走弯路。

（二）技术转型的影响

中国现阶段的公共图书馆与一两个世纪前西方国家发展公共图书馆有相似之处，但又和西方现代城市工业社会条件下发展起来的公共图书馆不完全一样。中国现代公共图书馆除了像西方在寻求工业化道路时期一样受制于经济社会转型的影响外，同时还受到数字化技术、多媒体技术和网络技术等新技术的影响。

迄今为止，人类几千年历史经历了三次信息传播革命。第一次信息传播革命即文字的产生，奠定了远古藏书楼或图书馆雏形的基础；印刷术的发明和传播（尤指西方机械活字印刷术）是第二次信息传播革命，奠定了西方现代图书馆的基础；电脑和网络技术则形成第三次信息传播革命，直接对现代图书馆的形态产生强烈而巨大的影响作用。如果说发达国家已臻于完善的社会形态和现代图书馆体系受第三次信息传播革命新技术的影响，从容地进入后现代阶段，发展中的中国图书馆则既可能受其影响形成跨越式发展，又可能因其地方经济发展尚不够成熟，社会转型尚在进行之中，现代图书馆的传统机制本身尚不健全，而处于传统发展和新技术选择两难的境地。而其中公共图书馆数量最火，服务人群最多，于此尤甚。

（三）公共图书馆的机遇和挑战

社会和技术两种转型毫无疑问也对四川省的公共图书馆产生强烈的影响作用。四川省的公共图书馆在改革开放的20多年中，从30余所发展到139所，最近10年尤其在藏书建设、图书馆服务和信息技术服务方面进展甚为显著。但是，公共图书馆的数量远远落后于人民的需求，大约64万人拥有一所公共图书馆，而且70%以上的公共图书馆藏书不足，馆舍不足，服务质量滞后，现代图书馆机制没有形成，事业发展可谓方兴未艾，任重而道远。首先要按照现代传统图书馆的服务要求，力争在数年内县县建立图书馆，确保建立的图书馆保质保量运行，提供有效的服务；其次，不断设立社区乡镇图书馆，扩大公共图书馆的数量。四川农业人口多（近7000万人口，占总人口75%以上），传统阅读在较长一个时期仍然是主流阅读方式，完善现代图书馆的传统功能，应是正确的选择。

省和地市级（包括州）的公共图书馆不排除积极

采纳新技术普遍应用于图书馆服务，充分运用国家图书馆、省图书馆和其他可资利用的公共文献信息资源，以“虚拟馆藏”补充基层图书馆藏量不足，以解基层公共图书馆购书费短缺、无书可读之虞。目前，四川省图书馆将数字图书馆和文化信息资源共享工程合建的做法，已经初见成效，对地市州和县图书馆服务既有帮助，又指导市县图书馆在新技术和传统业务交替中避免了盲目运作的现象发生。总而言之，社会和技术的转型，既有挑战，又有机遇，关键在合理的把握。中国坚持走现代化道路和接受新技术的趋势决不会改变，因此，公共图书馆的发展主要是勇敢而理性地迎接挑战，从挑战中抓住机遇，同时积极地把握机遇，争取正常的，甚至是跨越式的发展。

二、改革：构建公共文化服务体系与公共图书馆服务体系的保障机制

（一）现代化社会与公共文化服务体系的构建。民主化进程是和社会经济转型同步展开的。公共服务是社会民主化的一个标志，它萌生于古希腊，蓬勃生长于现代社会。随着经济的发展，社会现代化程度的提高，政府的职能从以“管理型”为主转向兼顾“公共服务型”已经成为必然。中共十六届三中全会提出：“要完善政府社会管理和公共服务职能，为全面

建设小康社会提供强有力的体制保障。”可以预见，构建公共服务体系，将成为全面实现小康社会，努力建设中等发达国家，以及与国际现代化接轨进程中，中国政治体制改革的一个重要目标和迈出的第一步。

传统中国社会是分散的小农经济和集中的中央权力集为一体的社会，十分缺乏“公共服务”的理念和做法，甚至根本没有“公共服务”生长的土壤。与“公共服务”相对立的是中国根深蒂固的“官本位”的理念。持续的改革开放和深入的社会变革，要求倡行“公共服务”，换言之，实现社会转型，倡导现代化，推广普及“公共服务”势在必行。

公共文化服务体系的内涵包括文化类型、文化设施和公共文化服务机制。文化类型指各种艺术门类如电影、戏剧、美术、音乐、曲艺、文学等。文化设施包括剧院、影院、展览馆、博物馆、文化馆和图书馆等。公共文化服务机制却包括行政调配机制，引入市场机制取代僵死的计划经济下的机制，公益性提供机制等。构建公共文化服务体系，使人们能够充分地享受丰富而各异的文化生活，丰富人的精神世界，提升人的道德和审美品位，既是文化自身改革的需求，又是实现政府职能转变、增强政府公共服务职能的一个重要组成部分。它为社会发展提供良好的文化环境，同时，为经济、政治、文化的协调发展提供基本而有保障的公共文化产品和有效的公共文化服务。

（二）公共图书馆服务在公共文化服务体系中的地位与作用。公共图书馆是四川省各级行政区域内的总书库、文献信息资源的源头和知识的集散地、学术交流的中心，也是全体公民的终身学校。虽然，四川省地处边远，属于经济欠发达的西部地区，公共图书馆的历史并不很长（相对漫长的历史长河而言），发展不够充分不够成熟，但上述功能都是具备的。由于现代社会对文献信息有着较高的需求程度和文献信息的多元性和丰富性，公共图书馆与社会的政治、经济、教育、科研、文化各个领域有关，并与提升公民的整体素质有关，公共图书馆持久而深入的影响作用远远超过其他公共文化服务领域，在公共文化服务体系中占据十分重要的地位。

相对其他公共文化服务领域，公共图书馆服务还有一个十分突出的特点，即公共图书馆全部由公共资金经营，具有鲜明的公益性服务特色。它的运行机制决定了它不是市场运作的，而是公益性运作的。目的在于排除市场运作对知识传播和社会教育带来的负面影响，吸引最大化数量的读者到馆阅读或有效地利用公共图书馆。

前面提到，公共文化服务体系是政府公共服务体系的一个部分，构建公共文化服务体系是完善政府公共服务职能的重要举措。鉴于公共图书馆服务在公共文化服务体系中的比重和公益性质，公共图书馆在本质上应该是代政府行使其文献信息服务和知识储存、管理及传播职能的一个机构。公共图书馆的存在，就是合理地使用公民为享受文化生活和接受终身教育而缴纳的税收，保障公民的阅读权利和公平获取知识信息的权利，公开地无偿地为每一位公民提供文献信息服务，为他们营造免费阅读和接受继续教育及终身教育的环境。

（三）公共图书馆服务的体制保障和保障机制。公共图书馆在传统的体制中是公益性事业单位。伴随着事业单位体制改革，原先的事业单位逐渐分化为三个部分：第一部分由于有生产文化产品的能力，并且能够有很好的市场运作，逐渐转化为企业，如商业性的电视台、广播电台、报社、出版社和书店等传媒机构；第二部分由于有文化产品，也有盈利能力，但又需要政府补贴，为事业单位、企业管理，如部分演出团体、部分收费博物馆和媒体等；第三部分为过去、现在、乃至将来都完全是由国家或地方财政拨款即由公民税收维持的公益性事业单位，如公共图书馆和一部分做公益服务的不盈利的博物馆，在中国也包括各级文化馆等（西方体制中无此类机构）。这一部分更接近代政府行使公共文化服务的职能，特别是各级公共图书馆。

由于本调研报告是以公共图书馆为主体的。我们强调随着社会经济发展的速度加快和增长幅度加大：第一，各级政府应加大对公共图书馆的投入，保障公共图书馆的藏书资源经费和营运经费，巩固和发展现有的公共图书馆。第二，市、县及以下政府应随经济发展步伐，考虑公共图书馆数量的增长，没有图书馆的县（区），要力争在“十一五”期间建立图书馆；加大加快社区和乡镇图书馆的设立，并纳入财政拨款系列，争取逐步设立和普及社区、乡镇等基层图书馆。第三，进一步确定所有的公共图书馆的公益性服务的性质。不排除充分利用社会力量建馆办馆，但必须明确建馆办馆的主流力量是地方政府。

此外，由公共图书馆的性质及其在公共服务体系中的位置所决定，许多发达国家都将图书馆员作为国家公务员对待。近几年，中国部分地区如深圳图书馆和北京部分区图书馆，图书馆员也都纳入公务员系列。这在理论上是讲得通的，图书馆员和政府其他部门人员、税务员、警察等一样行使公共服务职能，既然税务员、警察等被列入公务员系列，图书馆员理所当然也应纳入公务员系列。近期川内一些市县准备开展事业单位改革工作，在做图书馆员是否纳入公务员系列的调查时，询问图书馆员有无执法的权力，事实上采取这一标准来判定，不如采用是否提供政府性质的公共服务来判定更为贴切。转型期的政府，努力从“管理型政府”转变为“服务型政府”，当然应该更多地关注政府的公共服务职能，包括公共文化服务的职能。公共图书馆毫无疑问是无愧于行使这一职能的机构。

公共图书馆纳入公务员系列，有利于政府服务职能的实现，有利于公共文化体系建设。对公共图书馆来讲，公益性服务本身就具有政府投入和提供政府公共服务的特征，行使政府服务职能，图书馆营运经费可以得到保障，馆舍面积和质量可得到及时的改善，职工的待遇可以提高，图书馆专业队伍能够较好的得以稳定，更有利于公共图书馆事业建设。如果公共图书馆依然像目前这样，一边做着公益服务的事情，一边要忧虑经费和馆舍条件不足等问题，并且要为提高职工待遇努力创收，则势必在两条水火不容的原则下运行，将极大地影响图书馆公益性服务的形象。

在本调查报告的第三章“公共图书馆的现状分析研究”中，我们提出了公共图书馆职工待遇偏低的问题。图书馆员的薪酬，西部地区低于东部地区，西部公共图书馆又严重低于高等院校图书馆、科学院系统图书馆和党政部门机关图书馆等各种类型图书馆。同样做图书馆工作，相对除工资之外还可以领取“阳光工资”的政府部门或其他纳入公务员系列的图书馆员，或者相对其他类型图书馆馆员，公共图书馆馆员的收入低了40%至70%乃至更多，按理应该补足。把图书馆员排斥于公务员系列之外，既不利于公共文化服务体系的构建，也不利于公共图书馆稳定队伍和自身的发展。

在基本国情、省情层面，即或现行体制一时难以发生根本转折，还要划出公益事业单位一类，各级公共图书馆仍然要作为公益性事业单位而存在，图书馆员仍然排除在公务员系列之外，那么体制改革和机制创新则是非常必要的：①各地应该给出公共图书馆用人空间，即以所需人员数量核定工资额，在保留三分之一或二分之一基本业务骨干人员前提下，其余人员可由图书馆自行根据需要和不同时间，灵活地聘用或解聘其他辅助工作人员。②可将图书馆后勤、绿化、保洁、安全保卫等工作社会化，减少图书馆内部这方面的机构设置，减少开支，提高非业务工作方面的工作质量，并以精简而节约的经费，补齐图书馆员和公务员待遇不平等的差额部分。③无论规模大小的图书馆，尽量合并性质相近的业务机构，尽量在图书馆空间上和人员分工上让做内部工作的图书馆员兼顾读者服务，以此节省人力资源，同时提高服务质量。④由于公共图书馆工作的特殊性，强调图书馆协作和全省整体运作的机制，在馆舍建设、自动化建设、数字化建设、专用经费的使用、业务研究和培训等方面建立全省的合作机制和专家组评定机制，避免非专业化运作带来的损失和弊端。

三、公共图书馆服务及其业务前景

（一）四川公共图书馆服务

为全社会读者服务是现代公共图书馆的重要特征。四川的公共图书馆服务，经历了一个缓慢发展的过程。民国初年，四川公共图书馆即已经“面向广大劳工和平民开放”，但以当时初具规模的省图书馆而言，“读者进馆凡取阅图书，皆须征费”。稍后才取消收费。建国后，图书馆免费接待读者，但查阅书籍要受到身份限制，需要填写家庭出身，本人成分，特别的书刊文献必须要读者单位出具介绍信，“文化大革命”中尤甚。改革开放后，百业待兴，图书馆有了新的发展，然而受商品大潮影响，围绕有偿还是无偿服务不断展开讨论，给正常的公共图书馆服务带来极大的负面影响。直到进入21世纪，图书馆服务导向又逐步回到纯公益服务。

然而，自改革开放以来，公共图书馆服务又有若干改进。开架借阅书刊文献的力度加大了。改革开放之初（大约20世纪80年代前期），省图书馆藏书几乎全闭架借阅，藏书利用率仅占馆藏的40%左右，地县图书馆通常借阅率约占馆藏50%—60%。目前，各级公共图书馆借阅率大幅提高，市县图书馆平均可达到80%，省图书馆排除因受馆舍限制无法上架的图书文献，借阅率也可达到60%以上。将来，无论省图书馆，还是其他各级公共图书馆，努力的方向在于充分地发挥每一本图书的作用，把馆藏100%地向所有的读者开放。

由于图书馆数量增大，图书馆服务人口覆盖率也有较大幅度改观。20多年前，由于图书馆为数不多，省内一所公共图书馆服务人口平均约200万至220万，现今是每一所图书馆服务平均约64万人口。“十一五”力争县县建立图书馆，部分县镇设立图书馆，能达到一所图书馆平均服务35万—40万人。2020年，当全国全面实现小康社会时，力争达到一所图书馆平均服务15万—20万人。最终的目标是不足10万人拥有一所公共图书馆。

当然，图书馆数量的增多不仅仅是数量的增多，还需要图书馆的质量（包括馆舍、经费、藏书、新技术的采用和专业人员）达到行业规定指标，能够提供有效的服务。在目前四川省的公共图书馆发展尚未臻成熟的阶段，尤应如此。

（二）传统业务工作、新技术应用和复合型图书馆的建设我们在有关“四川省公共图书馆现状分析”和“四川民族地区公共图书馆”两章内，已经分析过公共图书馆的业务工作和自动化、数字化状况。这里我们重申一个观点，即当把四川的公共图书馆同发达国家和东部经济发达地区公共图书馆作比较的时候，一定要关注包括经济、政治、文化、科技、教育等构成的社会形态对公共图书馆深刻的影响作用。四川除省图书馆和部分经济情况较好的市级公共图书馆外，一些市级公共图书馆和绝大多数县图书馆，虽然已经设立了图书馆的机构，但是囿于环境和条件的限制，即使以传统图书馆的标准衡量，也不能说是完备达标的图书馆，因此应该首先考虑完备其传统功能，从传统的管理、业务、服务、机能等方面建设图书馆，使其传统功能完备后，再较多考虑新技术的应用。这不是说不考虑新技术的应用，而是分清主次，循序渐进地建设图书馆，以有限的投入，取得最好的性价比。

省图书馆和条件较好的市县图书馆，无疑也会受到技术面的挑战，接受复合型图书馆建设的模式，应该是较佳的选择。欧美发达国家，在 20 世纪 70 年代开始图书馆自动化管理，90 年代初期又很快在图书馆业务和服务中应用数字化技术，提出建数字图书馆，90 年代中期英国图书馆学家苏顿（S. Sutton）即提出建复合图书馆的理论，并应用于实践。这使发达国家图书馆建设有很好的基础。我们的公共图书馆在选择一馆的发展模式时，一定要首先认清本馆的基础状况，传统图书馆功能较完备的图书馆，在经费支持的情况下，可逐步地、有计划地采用自动化、数字化、多媒体等新技术，选择建设复合型图书馆模式。

从一省公共图书馆的总体来讲，也可综合采用建设复合型图书馆的模式。处于中心地位的图书馆（如省图书馆），条件较好的市级图书馆，可以较多采用新技术，通过互联网对其他基层公共图书馆形成数字化文献信息资源的支撑作用。发达国家和沿海地区的总分馆制也可借鉴。以市为单位，由处于中心地位的图书馆作为藏书中心和技术中心，支持援助分散的规模较小的公共图书馆（室）提供服务。

（三）图书馆协作和文化信息资源共享工程建设

传统的图书馆协作和图书馆合作在东西方都延续了较长的时期。18 世纪，德国哲学家兼图书馆学家莱布尼茨即倡导过联合一切图书馆的“普遍的图书馆服务”的理念。传统的图书馆学中有关于建设图书馆网、图书文献资源共享的理论，并在实践中被探索实施。20 世纪后期推行的图书馆自动化和数字化，在互联网的支持下使得图书馆网络化得到前所未有的发展。21 世纪初，文化部、财政部推出文化信息资源共享工程，具有中国特色，有很好的创意，此举得到党政上层的首肯，宣传和财力上都给予极大的支持。

“共享工程”涉及普遍的群众文化、民间民俗文化的整理，推进基层文化建设，服务基层群众，且对图书馆事业促进尤大。首先，由于中央财政给予四川一部分资金和设备支持，对四川在市县级公共图书馆设立全国文化信息资源共享工程市、县两级分中心具有极大的意义。虽然“共享工程”在服务内容上和一般公共图书馆略有区别，但搜集、整理、存储和提供服务的方式和公共图书馆颇为接近，一旦和图书馆业务和服务加以结合，能收到事半功倍的效果。

此外，“共享工程”以电脑网络、卫星传输、多媒体技术等为服务手段，一经和图书馆结合，彼此传输服务的内容相互交融，加快了图书馆现代化建设的速度。其政治上的意义，在于为构建公共文化服务体系（尤其是构建农村和基层公共文化服务体系）开辟了道路；其业务上的意义，在于帮助了新型的图书馆网络的形成。2006 年，在四川省图书馆和“共享工程”省分中心的主导下，在全省边远农村放映电影 2800 余部，在网上开通涵盖全国百分之八十以上的学术期刊，近 20 万种电子图书，通过基层分中心和服务站点为农村和社区提供服务，即为实证。

四、业务培训、学术研究和交流

（一）业务培训

在互联网十分发达的今天，人们获取知识和信息的渠道拓宽了，阅读方式亦日趋多样化，但通过图书馆获取系统的、全面的知识，寻求可持续的阅读，并以免费的形式获取信息，仍然是主流渠道。公共图书馆是国家或地区的学术教育中心，文献信息的采选整序和提供服务等方法技术涉及学术问题甚多，理想的图书馆从业人员均应是大学本科乃至研究生以上学历，应接受过图书情报学专门训练。这在发达国家和发达地区，几已成定论。然而，四川地区公共图书馆如第三章和第五章所述，较前虽有很大进步，却仍然远远不能满足需求。若要从根本上改变现状，则需从两个方面努力：一方面政府给予图书馆用人自主权，图书馆按需制定用人计划，按计划聘用或解聘人员，聘用人员须严格按学历要求录用，并严格通过制度化的考核。另一方面加紧对现有图书馆员的培训，培训方式包括：本专业的学历培训；针对业务发展需求和人员短缺方面的短期专业培训。前一方面不是图书馆自身能够解决的，有待政府有关用工制度放宽和有关政策出台；后一方面则是每一所图书馆通过自身努力所能够实现的，可以倡导并纳入各图书馆培训计划实施。

现行的图书馆培训内容通常比较单一，仅限于业务或技术层面。事实上，图书馆内部有较为多层次的分工，经常性的图书馆培训应按图书馆工作的实际情况予以划分：①领导和管理层面的培训，包括图书馆综合知识、图书馆策划和计划、有关图书馆的法律法规、图书馆基本理论、图书馆财务和人力资源管理等专题；②业务层面的培训，包括图书馆基本知识、走向、各部门专门业务知识等；③技术层面的培训，主要包括新技术在图书馆的应用，适应图书馆各项传统业务需求的现代技术等。三个方面的培训缺一不可，有利于全面推动图书馆工作的整体发展。缺少技术支撑，图书馆业务工作会停滞不前，服务方式会跟不上时代发展；缺少业务要求，技术会失去方向；而公共图书馆投入和服务之间的最佳性价比是靠科学管理得以实现的。因此，每年的培训工作一定要兼顾这三个方面。

按照传统的模式，公共图书馆培训是逐级展开的，县图书馆负责对县以下基层图书馆的培训，市（州）图书馆负责对县图书馆的培训，省图书馆负责对市县两级图书馆的培训。目前，在公共图书馆工作人员学历仍未普遍达标，图书情报专业人员仍嫌不足，传统的培训方式在四川仍然有效。到将来公共图书馆事业发展到一定水平，图书馆员的学历达标和专业训练达到一个水准，或许目前逐级培训的方式会发生些许改变。不过，目前的培训方式无疑和当前的经济发展水平及公共图书馆发展水平是相适应的，并且还会持续一个时期（至少5至10年）。

目前的培训方式是有效的，但鉴于基层公共图书馆经费困难，一个人参加一次培训约需要上千元（含往返旅费、住宿费、培训费和资料费等），很多图书馆难以承受。最近两年，省图书馆和省图书馆学会在安排培训时，尽量考虑培训的公益性，几乎不收学费或少收学费，但培训一人至少学员所在馆仍然要花费600元以上的费用，培训馆也会出一些补贴。各级公共图书馆的培训费在财务预算中没有列出，省图书馆也没有，做基层培训时常常还要设法做一些补贴。公共图书馆不是营利单位，其性质决定了有偿培训的难度，这应该引起重视。公共图书馆是以文献资料和知识管理为工作对象的特殊行业，培训是必不可少的，直接影响到业务工作和服务读者的质量，至少应将本级培训和对基层培训的费用纳入财政预算，对现行的培训机制形成支持。

（二）学术研究与学术交流

四川省公共图书馆学术研究的氛围有待加强和提高。图书情报学研究的论文、参会、课题立项应大幅度增加，研究的质量也应加强。在近八年的图书馆高级职称评审工作中，公共图书馆从此系列评出的副高职称不足 20 人，正高职称仅 1 人。四川省图书资料职称系列高评委坚持标准、严格把关，是原因之一，但这样做是完全正确的；而公共图书馆缺少科学研究的激励机制，130 多所图书馆自身不能有效地推出人选则是这种结果的主要原因。政府和文化主管部门需要为公共图书馆的学术研究给予一定研究资金，多设立课题，设立奖项，形成激励机制。各图书馆也应对此高度重视，将其纳入每年目标考核和图书馆工作长远规划。图书馆学会也应制订研究计划和积极开展学术活动，组织、鼓励专业学术研究的展开。

五、四川省公共图书馆立法

在世界图书馆史上，提供公共性质服务的图书馆，在古罗马时代就有过，16 世纪宗教改革时期马丁·路德等倡导的城镇图书馆为一般市民服务，也属于这种性质。而现代公共图书馆明确的起源，是 19 世纪中叶，英美两国最早的公共图书馆法的颁布。自此，西方文化背景下兴办的公共图书馆，通常具有三个特征：①公共图书馆的设立和经营需要有法律依据；②由地方财政税收支付公共图书馆的建设费用和营运费用；③公共图书馆向所有居民和到馆读者提供服务。

中国创建公共图书馆之初，只是对西方文化和制度的学习，政治制度和经济水平和西方截然不同。到目前为止，历经百年，公共图书馆仍未全面臻于成熟状态，其根源在于中国社会尚在逐步的转型的过程之中，图书馆一直依据政府政策法规运作，而不是依据法律运作。近几年外省已有公共图书馆法出台。国家的和四川省的公共图书馆立法亟待出台。

事实上，公共图书馆法不必包括过多的业务内容，关键在于要对公共图书馆设立的权限、公共图书馆在公共文化服务体系中的地位和作用、图书馆规模、图书馆经费来源和数量，图书馆员责权、居民和读者的权利等做出明确规定。图书馆的业务内容尽可由图书馆的专家委员会和内部业务机构自行解决。无论全国的图书馆法何时出台，四川省人大、省政府和省文化主管部门，应及时将本省公共图书馆立法纳入议事日程，及早填补空白。实现川内公共图书馆建设有法可依。在社会转型“谨慎成功”的阶段，公共图书馆立法是恰当其时的。四川省文化事业“十一五”规划中，言明“十一五”时期将达到县县都有图书馆，而部分乡镇图书馆也会在条件成熟时设立，公共图书馆法的出台就显得尤为重要。

六、结语

四川省公共图书馆发展战略，非从大处着眼不可，纵览全局，认清其走向和脉络。当前面临的社会转型和技术转型，为四川省公共图书馆发展，既带来挑战，又带来机遇。在两个转型中构建公共文化服务体系，公共图书馆在其中占据了重要位置，是行使政府公共服务职能，传播文化信息，保障公民阅读权利得以实现的一个重要方面。为此，地方财政须随经济发展逐年加大对公共图书馆馆舍、设施、藏书等的投入，提高图书馆员待遇，保证公共图书馆的正常运行。公共图书馆也需要把握改革机遇，改革传统体制，建立合理机制，做好多层次的业务培训和学术研究及交流，改进业务工作，走文化信息资源共享的道路，通过将服务延伸到社区、乡镇和村子，强化和普及图书馆服务。而对公共图书馆发展的保障则是全国和地方的公共图书馆立法，因此要尽快将四川省的公共图书馆立法提上议事日程。

结束语

经过一年多的调研活动，在阶段性成果的基础上，这部大致反映了四川省公共图书馆全貌的调查报告终于完成了。就在结稿之时，令人振奋的消息传来：在拖延了十数年之久，千呼万唤，欲建而未建的四川省图书馆新馆舍，在省委、省政府主要领导同志的直接关怀下，终于选定新馆址，进入立项程序了。馆舍新址选在成都天府广场附近，规模预计可达到50 000平方米以上。就其位于成都市中心区的特佳位置而言，建一座这个城市的标志性建筑，作为古老悠久而辉煌的蜀文化的象征，作为省会城市成都的标志性建筑，应所言不虚。

即使在网络数字化时代，对于一所公共图书馆来讲，图书馆建筑仍然是一个非常重要的元素，是典藏、服务、学术交流和知识传播的必备条件。不仅如此，省图书馆的馆舍建筑，也具有另一种象征意义，小处看可反映一省的图书馆的整体形象，大处看则能折射出一省的文化意识和文化氛围。四川省图书馆新馆舍立项并在成都市中心划地修建，至少表明了省委、省政府对图书馆事业的高度重视，同时也印证了我们的理论，即随着社会政治、经济、文化的快速进步，公共图书馆事业必然会获得相应的快速的发展。

公共图书馆从不成熟向成熟的发展有一个过程，在这以前已经酝酿了很长时间，现在到了一个关键的提升时期。构建公共图书馆服务体系，把公共图书馆服务纳入全社会的公共文化服务体系，正在成为现实。我们的调查报告，汇集了四川省公共图书馆和对四川省公共图书馆发生影响的环境的数据，这些数据有正面的，也有负面的，但我们相信运行的方向不会改变，我们的目的就是要扩大那些正面的影响，努力克服和消除那些负面的影响，加快四川省公共图书馆不断向成熟形态过渡的步伐。我们的目的一定会达到。

由于社会环境、经济环境和公共图书馆自身发展的速度日新月异，我们所做调研工作的同时，很多情况和数据都在发生变化，为了不至于使我们的调研成果与公共图书馆发展变化的速度差距太大，我们就此结束我们的调查报告，把它尽快奉献给图书馆界的同行，希望对他们的研究工作和对图书馆事业发展的认识，有所借鉴和帮助。当然，这绝不影响我们对公共图书馆发展速度的期待，我们真挚地希望：四川公共图书馆事业的发展比我们预期的更快，更好！

主要参考文献：

1 四川省文化厅．四川省文化事业统计资料，1996－2005年（全十册）

2 文化部计划财务司．中国文化文物统计年鉴．北京：北京图书馆出版社，2005

3 四川省图书馆学会秘书处档案．四川省公共图书馆（文化部组织）三次考评定级统计资料

4 国务院办公厅关于进一步加强古籍保护工作的意见．国办发〔2007〕6号

5 回收有关四川省公共图书馆基本情况、业务与服务、民族地区公共图书馆、古籍、共享工程、少儿服务等专题调查表300余份，电话调查记录和实地考察记录若干。

6 王嘉陵．图书馆的历史分期．四川图书馆学报，1999（4）

7 王嘉陵．社会形态论：经济欠发达地区公共图书馆的走向．四川图书馆学报，2001（4）

8 王嘉陵．城市公共图书馆建设探索．见：王嘉陵主编．西南地区城市公共图书馆发展研究．成都：天地出版社，2005

9 王嘉陵．历史上的图书馆员．见：中国图书馆学会编．新世纪的图书馆员．北京：北京图书馆出版社，2003

10 杨威理．西方图书馆史．北京：商务印书馆，1988

11 2006 Seoul World Library and Information Congress, National organising Committee. Libraries in Korea——past, Present and future. Korea, 2006

12 Japan Library Association. Brief Information on Libarianship in Japan. 2006